전쟁 없는 세상을
꿈꾸는
난민

초판 1쇄 발행 2023년 11월 25일

글쓴이	조혜숙
그린이	나일영
편집	최정미
디자인	이재호
펴낸이	이경민
펴낸곳	㈜동아엠앤비
출판등록	2014년 3월 28일(제25100-2014-000025호)
주소	(03972) 서울특별시 마포구 월드컵북로22길 21, 2층
홈페이지	www.dongamnb.com
전화	(편집) 02-392-6901 (마케팅) 02-392-6900
팩스	02-392-6902
SNS	🅵 🅾 🆅
전자우편	damnb0401@naver.com
ISBN	979-11-6363-741-7 (73810)

※ 책 가격은 뒤표지에 있습니다.
※ 잘못된 책은 구입한 곳에서 바꿔 드립니다.
※ 이 책에 실린 사진은 셔터스톡, 위키피디아에서 제공받았습니다. 그 밖의 제공처는 별도 표기했습니다.

도서출판 뭉치는 ㈜동아엠앤비의 어린이 출판 브랜드로, 아이들의 지식을 단단하게 만들어 주고, 아이들의 창의력과 사고력을 키워 주어 우리 자녀들이 융합형 창의 사고뭉치로 성장할 수 있도록 좋은 책을 만들겠습니다.

펴내는 글

왜 난민은 목숨 걸고 나라를 떠날까?
난민을 선택적으로 받아들여도 괜찮을까?

선생님의 질문에 교실은 일순간 조용해지기 시작합니다. 인내심이 한계에 다다른 선생님께서 콕 집어 누군가의 이름을 부르는 순간 내가 걸리지 않았다는 안도감에 금세 평온을 되찾지요. 많은 사람 앞에서 어떻게 말을 해야 할까 고민 한번 해 보지 않은 사람은 없을 겁니다.

사람들 앞에서 자신의 생각을 조리 있게 전달하는 기술은 국어 수업 시간에만 필요한 것이 아닙니다. 학교 교실뿐만 아니라 상급 학교 면접 자리 또는 성인이 된 후 회의에서도 자신의 의견을 분명히 표현할 수 있어야 합니다. 하지만 어디서부터 시작해야 할지 몰라 입을 떼는 일이 쉽지 않습니다. 혀끝에서 맴돌다 삼켜 버리는 일도 종종 있습니다. 얼떨결에 한마디 말을 하게 되더라도 뭔가 부족한 설명에 왠지 아쉬움이 들 때도 많습니다.

논리적 사고 과정과 순발력까지 필요로 하는 토론장에서 자신만의 목소리를 내려면 풍부한 배경지식은 기본입니다. 게다가 고학년으로 올라가서 배우는 수업과 진학 시험에서의 논술은 교과서 속의 내용만을 요구하지 않습니다. 또한 상대의 의견을 받아들이거나 비판하기 위해서도 의견의 타당성과 높은 수준의 가치 판단을 해야 하는 경우가 많은데, 자신의 입장을 분명히 하기 위해선 풍부한 자료와 논거가 필요합니다.

토론왕 시리즈는 사회에서 일어나는 다양한 사건과 시사 상식 그리고 해마다 반복되는 화젯거리 등을 초등학교 수준에서 학습하고 자신의 말로 표현할 수 있도록 기획되었습니다. 체계적이고 널리 인정받은 여러 콘텐츠를 수집해 정리하였고, 전문 작가들이 학생들의 발달 상황에 맞게 스토리를 구성하였습니다. 개별적으로 만들어진 교과서에서는 접할 수 없는 구성으로 주제와 내용을 엮어 어린 독자들이 과학적 사고뿐만 아니라 문제 해결력, 비판적 사고력을 두루 경험할 수 있도록 하였습니다. 폭넓은 정보를 서로 연결 지어 설명함으로써 교과별로 조각나 있는 지식을 엮어 배경지식을 보다 탄탄하게 만들어 줍니다. 뿐만 아니라 국어를 기본으로 과학에서부터 역사, 지리, 사회, 예술에 이르기까지 상식과 사회에 대한 감각을 익히고 세상을 올바르게 바라보는 눈도 갖게 할 것입니다.

　『전쟁 없는 세상을 꿈꾸는 난민』은 여러 가지 이유로 자기 나라를 떠나 돌아가지 않거나 돌아갈 수 없는 난민에 대한 이야기입니다. 누리는 방송국에서 만난 아프가니스탄 모델 겸 래퍼인 자하라의 매력에 흠뻑 빠졌어요. 위험한 아프가니스탄을 떠나 난민촌을 전전하다가 지금은 미국에 사는 자하라는 총소리와 비명이 끊이지 않는 아프가니스탄 걱정에 눈물이 멈출 날이 없어요. 자하라의 친구가 사는 미얀마와 시리아 역시 대표적인 난민 국가 중 하나지요. 누리와 함께 난민은 왜 생겼고 어느 나라에서 많이 발생하는지, 난민을 선택적으로 받아들여도 괜찮은지 함께 살펴봅시다.

편집부

차례

펴내는 글 · 4
난민 래퍼 자하라를 만나다! · 8

1장 아프가니스탄 난민, 자하라를 만나다 · 11

- 난민은 가난한 나라 사람들?   • 난민은 이주 노동자? 다문화 가정?
- 왜 난민이 되었느냐고?

토론왕 되기! 아프가니스탄에서는 왜 끊임없이 전쟁이 일어날까?

2장 희망을 잃은 미얀마의 난민 · 39

- 자하라가 알려 준 미얀마의 천사   • 이제는 갈 수 없는 미얀마
- 이루지 못한 치알 신의 꿈   • 미얀마의 위기, 미얀마의 희망

토론왕 되기! 미얀마의 반정부 시위는 어느 쪽의 잘못일까?

뭉치 토론 만화
내 친구 '김영민'을 소개합니다 · 65

3장 서울에서 만난 시리아의 난민 · 71

- 시리아의 눈물   • 어느 날 갑자기 난민이 된 와합의 가족
- 세계를 울린 난민 아기 쿠르디

토론왕 되기! 난민 발생국의 이웃 나라는 무조건 난민을 받아들여야 할까?

4장 우리 곁의 난민, 우리 밖의 난민 · 91

- 올림픽의 영웅, 난민팀
- 스스로 난민이 된 이란의 국민 영웅
- 난민팀이 필요 없는 날까지

토론왕 되기! 난민촌에서도 학교에 다녀야 할까?

5장 난민의 목소리를 들어 봐! · 113

- 난민에게 내미는 손
- 자하라의 눈물
- 난민을 위한 희망의 발걸음
- '미라클 작전'이 준 선물
- 희망을 노래하는 자하라를 응원하며

토론왕 되기! 난민을 선택적으로 받아들여도 괜찮을까?

어려운 용어를 파헤치자! · 141

알아 두면 좋은 난민 관련 사이트 · 142

신나는 토론을 위한 맞춤 가이드 · 143

난민 래퍼 자하라를 만나다!

1장
아프가니스탄 난민, 자하라를 만나다

◉ 난민은 가난한 나라 사람들?

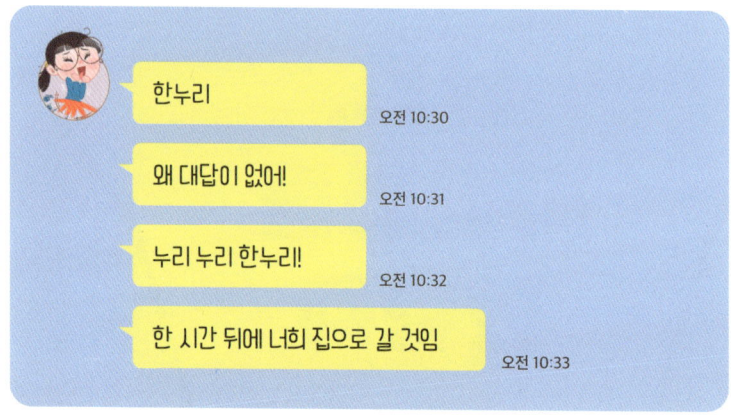

일요일 아침부터 누리의 휴대 전화에 불이 났어요. 정민이의 다급한 목소리가 그대로 들리는 듯했어요. 보나마나 세븐피스 오빠들을 만난 얘기를 듣고 싶어서 잠도 못 잤을 거예요.

'띵동.'

드디어 정민이가 왔어요.

"오빠들 만났어? 사진은 찍었어? 어땠어? 빨리 말해 봐."

정민이는 다짜고짜 누리의 휴대 전화를 가져가더니 사진 앨범을 뒤지기 시작했어요. 누리는 솔직하게 말했어요. 사실은 오빠들을 못 만났다고요.

"그럴 리가. 내가 분명 예고편에서 봤어. 팬클럽 홈페이지에도〈함께 사는 지구〉에 출연한다는 공지가 올라와 있다고."

정민이 말이 맞긴 한데 정민이가 모르는 게 있었어요. 오빠들이〈함께 사는 지구〉에 출연하는 것은 사실이에요. 하지만 스튜디오에 와서 본 방송에 출연하는 것이 아니라 프로그램을 소개하는 인사말만 따로 녹화한 거예요. 그것도 어제가 아니라 다른 날, 다른 지역에 있는 스튜디오에서요. 누리도 어젯밤 녹화가 끝나고 퇴근하는 엄마와 같이 오면서 들은 말이에요.

"어쩐지. 평소에는 관심도 없던 엄마 일하는 곳에 온다고 하길래 웬일인가 했다. 엄마한테 미리 물어보지 그랬어? 그나저나 우리 누리, 많이 기대했을 텐데 서운했겠네."

서운한 정도가 아니에요. 혹시 다 끝났을 때 와서 따로 녹화하는 거 아니야? 경호 문제 때문에 다른 스튜디오에서 하는 건가? 아니면 다른

날에 추가 촬영이라도? 혼자서 상상의 나래를 펼치며 실낱같은 희망을 안고 있었던 누리는 너무 실망해서 눈물이 날 뻔했어요. 자기 몫까지 두 배로 즐겁게 지내고 오라고 응원해 준 정민이를 볼 면목도 없고요. 부모님께 허락을 못 받은 정민이는 땅이 꺼지게 한숨을 쉬면서 가장 좋아하는 멤버의 포토 카드에 꼭 사인을 받아 달라고 했는데, 사인은커녕 그림자도 구경 못 했으니…….

그래, 묻기 전에 얼른 털어놔 버리자. 목소리 크고, 성격 급하고, 기다리는 것은 딱 질색인 정민이에게는 그 방법이 딱이야. 누리는 정민이에게 오빠들을 만나지 못한 사정부터 설명했어요.

"아…… 어쩐지. 오빠들과의 만남이 너무 쉽게 이루어진다 했다. 어쩔 수 없지."

우와, 정민이의 빠른 포기. 역시 정민이다웠어요. '솔직히 쪼끔은 다행이야. 나 빼고 누리만 오빠들을 만나다니 배가 아파 죽는 줄 알았거든.'이라고 속마음까지 털어놓고요. 누리는 한결 마음이 가벼워져서 어제 녹화장에서 있었던 일을 조잘조잘 들려 주었어요. 엄마에게 들은 세븐피스의 멤버 동준 오빠 이야기도요.

"그런데 너 알고 있었어? 동준 오빠가 유엔난민기구 후원자라고 하던데?"

"유니세프 후원자?"

"아니, 유니세프가 아니라 유엔난민기구."

"들어 본 것 같기도 하고……."

고개를 갸우뚱거리던 정민이는 얼른 검색해 보더니 반가운 목소리로 동준 오빠의 인터뷰 기사를 읽어 주었어요.

"아, 그러네. 동준 오빠가 유엔난민기구의 후원자가 된 지 5년째래. 처음에는 길거리에서 모금 활동하는 것을 보고 후원을 시작하게 되었대. 우리나라도 과거에 일제강점기와 한국전쟁을 거치면서 많은 난민이 발생해 다른 나라의 도움을 받았는데, 이제는 우리나라가 난민을 도울 수 있을 만큼 발전한 것이 자랑스럽대. 우아, 역시 우리 오빠들이야."

1장 아프가니스탄 난민, 자하라를 만나다

"맞아. 너무 뿌듯하고 자랑스럽다."

누리와 정민이는 어느새 세븐피스의 빅팬으로 돌아가 멤버들의 근황에 대해 이야기를 나누었어요. 언제나처럼 정민이는 누리의 침대에, 누리는 방바닥에 앉은 채로요.

이건 정민이와 누리가 만든 룰이에요. 가끔은 작은 일인용 침대에 나란히 끼어 앉지만, 벽 쪽은 답답해서 불편하고 벽이 아닌 쪽은 떨어질까 조심스러워서 어쩌다 보니 집주인은 방바닥에, 손님은 침대에 앉는 것이 버릇이 되었어요.

"아, 오빠들은 정말 바쁘겠다. 알다시피 우리 오빠들은 케이팝의 대표적인 그룹으로 세계적으로 인기가 많잖니. 그러니까 유엔난민기구? 뭐 그런 단체를 통해서 가난한 나라에 사는 아이들을 돕기도 하고."

'가난한 나라의 아이들을 돕는 일? 그건 좀 다른데…….'

아무래도 정민이는 난민에 대해 잘 모르는 것 같았어요. 누리가 생각하기에 유엔난민기구에서 말하는 '난민'은 단순히 가난한 나라 사람들이 아니에요. 아이들만 돕는 것도 아니고요. 사실 누리도 난민에 대해 정확하게 아는 게 없어요. 솔직히 말하면 '난민'이라는 말부터 조금 어렵고 특별하게 느껴졌거든요.

누리도 궁금한 이야기

'난민'이란?

난민(難民)은 어려움(難)을 피해 도망치거나 쫓겨난 백성(民)을 뜻해요. 여러 가지 이유로 자기 나라를 떠나 돌아가지 않거나 돌아갈 수 없는 사람을 말하지요. 인종 갈등, 종교적 차이, 정치적인 충돌, 국가나 정부와 대치되는 특정 단체 참여 등 조국을 떠난 이유도 다양하답니다.

난민이라는 용어의 정의는 제2차 세계대전이 끝난 이듬해인 1951년에 국제적으로 확정됐어요. 유엔난민기구는 '난민의 지위에 관한 유엔 협약'을 만들고, 약 3년 정도만 운영하기로 했어요. 이때의 난민 협약은 제2차 세계대전으로 발생한 유럽의 난민을 보호하는 것이 중심 내용이었고, 조약 체결에 합의한 나라들도 대부분 유럽에 있는 나라들이었어요. 하지만 난민은 계속해서 발생했고, 발생하는 지역이나 이유도 점점 늘어났어요. 결국 2003년 국제연합은 난민 문제가 완전히 해결될 때까지 유엔난민기구를 유지하기로 결정했답니다. 현재 전 세계에서 자기 나라를 떠나 떠도는 난민은 8240만 명 이상(2021년 유엔난민기구 발표 기준)으로, 남북한을 합친 인구보다도 많아요.

◉ 난민은 이주 노동자? 다문화 가정?

사실 누리도 어제 방송국에 가기 전까지는 난민이라는 말에 대해서 깊이 생각해 본 적이 없어요. 이런저런 이유로 자기 나라를 떠나서 보호를 받지 못하거나 자기 나라에 돌아갈 수 없는 사람을 난민이라고 한다는데, 자기가 돌아가고 싶으면 다시 가면 될 걸 왜 돌아가지 못한다는 건지 이해할 수 없었거든요. 누리가 난민이라는 말을 처음 들었을 때 떠올린 사람들은 다문화 가정이나 외국인 노동자들이었어요. 누리는 세븐피스 안무 영상을 보느라 휴대 전화에서 눈을 떼지 못하고 있는 정민이에게 물었어요.

"정민, 5단지 상가 반찬가게 티엔 아줌마 알지?"

"당연하지. 아줌마네 딸이 진짜 귀요미잖아."

"맞아. 소윤이."

티엔 아줌마는 베트남 아줌마인데 한국에 온 지 10년이 넘었고 한국말도 엄청 잘해요. 누리가 엄마랑 반찬을 사러 가면 콩자반이랑, 메추리알 장조림을 알아서 담아 주면서 "이거 좋아하지? 우리 소윤이는 콩 절대 안 먹는다." 하고 웃으신답니다.

티엔 아줌마는 베트남 출신이지만 국제결혼을 해서 우리나라 국적을 갖게 되었어요. 소윤이가 태어난 뒤에도 가족이 사는 베트남에 두 번이나 갔다 왔다고 했어요. 이렇게 우리나라 국적이 있든 없든 다문화 가정의 사람들은 본인이 원하면 얼마든지 자유롭게 자기 나라나 고향에 다녀오거나 돌아갈 수 있어요. 외국인 노동자들도 마찬가지예요. 우리나라에 와서 농촌이나 공장에서 일하는 외국인 노동자들은 돈을 벌어 본국으로 돌아가기도 하고, 휴가를 얻어 가족을 만나러 가기도 해요.

"그런데 티엔 아줌마는 왜?"

"아줌마의 엄마, 그러니까 소윤이 외할머니가 아프셔서 베트남에 잠깐 가셨대."

"그럼, 안 돌아오시는 거야?"

"안 돌아오긴. 한 달 정도만 있다가 오신다고 했대."

"으응, 그렇구나. 그건 그렇고, 어제 무슨 모델을 만났다면서. 사진 좀 보여 줘."

정민이는 영상을 다 봤는지 자기 휴대 전화를 내려놓더니 누리더러 휴대 전화를 달라고 손짓을 했어요. 누리는 얼른 자하라와 찍은 사진을 내밀었어요.

"이 사람이야? 와, 정말 예쁘다."

"이름이 자하라래. 아프가니스탄 모델 겸 래퍼인데……."

"아프카니스탄?"

"아프카니스탄이 아니고 아프가니스탄."

"그게 그거지 뭐."

"그게 그건 아니지. 누가 우리나라를 대항민국이라고 부르면 좋겠니?"

"크크, 그렇긴 하지. 그러니까 자하라가 아프'가'니스탄 모델이다 이 말이지? 부끄럼쟁이 누리가 용케 사진까지 다 찍었네. 어쩐 일이야?"

1장 아프가니스탄 난민, 자하라를 만나다

어쩐 일이냐고요? 누리는 어제 자하라와 찍은 사진을 다시 보았어요. 어제도 느꼈지만 자하라는 정말 멋있었어요. 다른 말이 필요 없어요. 그냥 멋있어서 자기도 모르게 같이 사진을 찍자고 했던 거예요.

자하라는 내년에 한국에서 열리는 패션쇼를 준비하느라 한국에 와 있었는데, 평소에 알던 프로그램 관계자의 부탁으로 특별 손님으로 초대되었다고 해요. 짧은 시간이었지만 누리는 자하라의 매력에 흠뻑 빠졌어요. 처음에는 인형처럼 예쁜 자하라의 외모가 눈에 들어왔지만 "케이팝 좋아해요. 치킨 맛있어요. 한강 예뻐요." 하고 더듬더듬 내뱉는 자하라의 한국말은 더 귀여웠어요.

그런데 자료 화면을 통해 본 자하라의 모습은 반전 그 자체였어요. 화면을 찢고 나올 듯 카리스마가 넘쳤어요. 런웨이에서 워킹하는 모델 자하라나 속사포 같은 랩을 쏟아내는 래퍼 자하라 둘 다요.

"그런데 자하라도 난민이야? 〈함께 사는 지구〉의 이번 주제가 '세계의 난민'이었잖아."

"응. 옛날에 자하라 가족이 아프가니스탄을 떠나서 난민이 되었대. 파키스탄의 난민촌에서 3년을 살았고, 미국이 난민 신청을 받아 주어서 지금까지 죽 미국에서 살고 있어."

"왜 미국으로 가게 된 거야?"

"친척들이 미국에 살고 있었대."

"그렇구나. 그런데 생긴 모습은 아프가니스탄 스타일일지 몰라도 막 난민처럼 보이고 그러진 않는다."

정민이의 말이 무슨 뜻인지 누리는 금방 이해했어요. 사실 누리도 자하라를 처음 보았을 때 그렇게 느꼈어요. 비록 어린 시절에 불쌍하고 위험한 난민 생활을 겪었을지 몰라도 누리의 눈에 비친 자하라는 '유명 모델 겸 래퍼 자하라'였거든요.

그런데 누리가 자하라를 난민으로 느꼈던 특별한 순간이 있었어요.

녹화가 거의 끝나 갈 무렵, 누리는 지루해서 몸을 배배 꼬고 있었어요. 아프가니스탄 수도인 카불의 모습이 화면에 나오고 있었는데, 사람들은 총소리와 비명이 끊이지 않는 카불의 전쟁 상황을 얼굴을 찡그리며 보고 있었어요.

하지만 딱 한 사람, 자하라는 시선을 바닥으로 떨어뜨리거나 눈을 지그시 감고 화면을 외면했어요. 그러다가 자하라가 눈물을 후두둑 흘렸어요. 눈물을 참으려는 듯 고래를 흔들던 자하라와 누리의 눈이 마주친 것은 그때였어요.

누리가 잘못 본 것일까요? 누리를 본 자하라의 눈이 놀랄 만큼 동그랗게 커졌어요. 녹화가 끝난 후 자하라는 누리에게 다가와서 한국말로 말을 걸었어요.

"몇 살이에요? 이름이 뭐예요?"

누리는 열한 살이라고 말하면서, 자신의 이름을 알려 주었어요. 뭔가 말하고 싶었지만 한국말을 하지 못해 우물쭈물하는 자하라를 보고 엄마가 다가왔어요.

"카불…… 홈타운…… 하비바…… 마이 프렌드 하비바……."

알아듣지 못해 답답한 엄마와 자하라의 대화 속에서 유난히 '하비바'라는 말이 자주 들렸어요.

◉ 왜 난민이 되었느냐고?

하비바는 자하라의 절친이었다고 해요. 자하라가 누리를 보고 놀란 것은 누리의 검고 굽실거리는 긴 머리가 하비바와 닮았기 때문이에요. 누리는 엄마의 이야기를 듣고 자하라가 카불의 모습을 보고 눈물을 흘린 까닭을 알게 되었어요.

자하라는 탈레반이 아프가니스탄을 통치하기 시작한 1996년에 카불에서 태어났어요. 자하라가 태어나기 훨씬 전부터 계속된 아프가니스탄의 내전은 끝날 기미가 안 보였어요. 자하라의 열 살 생일이 지난 며칠 후 카불 시내에서는 자살 폭탄 테러가 일어났어요. 탈레반이 폭탄을 실은 차에 탄 채 미군의 차량에 달려든 거예요.

이 사건으로 군인과 민간인이 열 명이나 목숨을 잃었어요. 그중에는 자하라의 친구 하비바도 있었답니다. 엄마, 오빠와 함께 친척의 결혼식장에 갔다 오던 길이었다고 해요. 하비바가 죽은 날부터 이틀 동안 자하라는 아무것도 먹지 못한 채 울기만 했어요. 이후에도 밤에 자다가 소리를 지르며 깨는 날이 많아졌어요.

자하라의 친구가 죽고 몇 달 후 자하라의 아버지는 동생을 잃었어요. 자하라에게는 삼촌이지요. 카불에서 두 시간 정도 떨어진 곳에 살던 자하라의 삼촌은 어이없게도 미군이 일으킨 오인 폭격으로 사망했어요. 탈레반이 숨어 있는 곳으로 착각한 미군이 헬리콥터에서 총을 쏘았는데 그곳에 탈레반은 없었어요. 철공소를 하던 삼촌과 함께 일하던 철공소 직원을 비롯하여 아무 죄 없는 민간인이 열 명 넘게 사망했어요.

"탈레반은 미군과 아프가니스탄 정부를 공격해. 미군과 아프가니스탄 정부는 탈레반을 공격하고. 그런데 내 동생과 내 딸의 친구 하비바는 왜 죽어야 해? 우리에게 무슨 죄가 있는 거지? 우리는 탈레반이 아니야. 무조건 미국을 지지하지도 않아. 그런데 왜! 언제 어디서 폭탄이 터질지 몰라서 불안해하며 살아야 하느냐고!"

이제는 위험한 곳에서 살 수 없다고 생각한 자하라의 아버지는 전 재산을 다 팔고 가족과 함께 아프가니스탄을 떠나기로 결심했어요.

자하라의 가족은 먼저 튀르키예로 갔다가 유럽을 거쳐 미국으로 갈 생각이었어요. 미국에는 오래전에 이민을 간 아버지의 친척들이 살고

있었거든요. 하지만 중간에 난민 사기꾼에게 돈을 사기 당한 자하라의 가족은 튀르키예의 난민촌에서 살아야 했어요. 그것도 3년이나요. 천만다행으로 자하라는 부모님, 남동생과 함께 독일을 거쳐 미국으로 가서 정착할 수 있었어요.

"우와, 그게 정말 있었던 일이라고? 영화나 소설 속에서 꾸며낸 이야기가 아니고?"

"그렇지? 나도 믿을 수가 없었어."

믿을 수 없는 것은 이것뿐만이 아니었어요. 아프가니스탄은 누구에게나 위험한 곳이지만 여성과 여자아이는 살기가 더욱 힘든 나라예요. 탈레반이 집권하던 시기에 여성들은 엄격한 이슬람 율법에 따라 마음대로 외출하거나 학교에 다닐 수도 없었어요.

모델 겸 래퍼라는 자하라의 직업은 그 자체로 탈레반의 표적이었어요. 비록 지금은 아프가니스탄에 살고 있지는 않지만 아프가니스탄 출신 여성이 몸을 드러내는 모델이라는 직업을 갖고 있고 게다가 사회를 비판하거나 저항하는 노래를 하는 래퍼라서, 이름이 알려진 뒤에는 살해하겠다는 협박도 여러 번 받았다고 해요.

"자하라가 특히 이란이나 사우디아라비아 등 아랍 국가에서 인기가 많은가 봐. 앗! 누, 누리야. 이것 좀 봐."

마치 스토커처럼 자하라의 인스타그램에 접속해서 사진을 감상하던 정민이가 침대에서 튀어오를 듯 일어났어요.
　"단순히 세븐스타 오빠들의 팬이 아니었어. 이것 좀 봐. 몇 년 전 말레이시아에서 열린 공연 때 자하라도 무대에 올랐었나 봐. 이, 이런 대박 사건!"
　누리는 벌써 몇 년 전 일인데 그렇게 호들갑을 떨 일인가 하고 생각했어요. 둘이 친해서 단독 콘서트에 초대된 것도 아니고, 어느 정도 유명한 가수들은 외국에서 열리는 공연이나 콘서트에서 종종 만나는 일이 흔하니까요.

"누리야, 잘 들어 봐. 자하라는 난민 출신이다. 세븐스타의 동준 오빠는 유엔난민기구의 후원자이다. 자하라는 세븐스타의 찐팬이다. 자, 어때? 연결고리가 보여?"

"뭔 연결고리?"

"마지막으로 말해 줄게. 정신 똑바로 차리고 들어 봐. 어디까지 했지? 그래, 자하라는 세븐스타의 찐팬이다. 누리는, 아니 누리와 정민이는 세븐스타의 찐팬이다. 그런데 누리는 자하라의 연락처를 알고 있다."

잠시 침묵하던 누리는 꺄! 하고 소리를 질렀어요. 정민이는 '이제 알아들었구나.'라는 표정으로 고개를 끄덕였고요.

누리도 궁금한 이야기

아프가니스탄의 난민

'난민'이라고 하면 가장 먼저 떠오르는 나라는 아프가니스탄이에요. 2015년부터는 시리아가 세계에서 가장 난민이 많은 나라가 되었지만, 그전까지 약 30년 동안 아프가니스탄은 세계 최대 난민 발생국이라는 명예롭지 못한 이름을 갖고 있었어요. 아프가니스탄의 비극은 훨씬 오래전부터 시작되었지만 가깝게는 1979년으로 거슬러 올라가요.

1979년 구 소련이 아프가니스탄을 침략했고 이때부터 구 소련을 등에 업은 공산주의 정부와 이에 저항하는 반군이 서로 충돌하게 되었어요. 반군의 뒤에는 미국 등 서방 국가들의 은밀한 지원이 있었지요. 이들은 엎치락뒤치락하며 전쟁을 계속했고 그러는 사이 아프가니스탄은 점점 병들어 갔어요.

1996년 2차 아프간 내전에서 승리한 탈레반 정권은 아프가니스탄을 통치하며 폭력적인 정치로 국민들을 억압했어요. 탈레반에 저항하는 무자헤딘 등과 3차 아프간 내전을 치르는 사이 수백만 명이 사망하고 수많은 난민이 생겼어요. 2001년 알카에다가 저지른 9·11 테러 이후 미국이 전쟁을 선포하면서 다시 아프가니스탄은 전쟁의 소용돌이에 빠져들었어요. 2021년 8월 미국은 아프가니스탄과의 전쟁은 끝났다고 선언하며 미군을 철수했지만, 30년이 넘게 이어진 전쟁과 또다시 시작된 탈레반의 폭압 정치로 난민들의 행렬은 끝없이 이어지고 있어요.

1장 아프가니스탄 난민, 자하라를 만나다

난민의 역사

1950년

제2차 세계대전으로 약 120만 명의 유럽 난민 발생. 12월 14일 유엔난민기구 설립.

1956년

구 소련의 헝가리 침공으로 20만 명 이상의 헝가리 난민이 주변 국가로 피난.

1960년

'아프리카의 해'라고 불릴 정도로 아프리카의 많은 나라가 독립하는 과정에서 수많은 난민 발생.

1974년

키프로스섬을 둘러싼 그리스와 튀르키예의 분쟁으로 약 40만 명의 난민 발생.

1975년

베트남 전쟁이 끝나면서 보트 피플(조국을 떠나 배를 타고 해로를 통해 탈출하는 난민)이 본격적으로 발생하기 시작. 300만 명 이상의 보트 피플이 베트남을 탈출.

1985년
에티오피아의 '대기근' 사태와 정치적 분쟁으로 100만 명 이상의 사망자 발생. 수만 명의 난민이 이웃 나라인 수단 등으로 피난.

1995년
르완다에서 발생한 분쟁으로 수많은 난민 발생. 콩고 민주공화국, 탄자니아, 부룬디 등 주변 국가로 피난.

2011년
'아랍의 봄(2010)' 이후 중동과 아프리카 지역의 난민 급증. 시리아 내전으로 수많은 난민 발생.

2015년
예멘 내전으로 수많은 난민 발생.

2017년
로힝야족이 미얀마군의 탄압을 피해 방글라데시로 피난.

2021년
2월 미얀마 민주화 시위로 난민 발생. 8월 탈레반의 아프가니스탄 점령으로 난민 발생.

 **토론왕 되기!**

아프가니스탄에서는 왜 끊임없이 전쟁이 일어날까?

 난민은 왜 발생하는 거예요?

 난민이 발생하는 가장 큰 원인은 전쟁과 내전이란다. 지난 50여 년 동안 아프가니스탄은 주변의 여러 나라와 전쟁을 했고 오랫동안 내전을 치렀지. 그 결과 세계에서 가장 많은 난민이 생기는 나라 중 하나가 되었어.

 아프가니스탄에서는 왜 끊임없이 전쟁이 일어나는 걸까요?

 아프가니스탄이 중국, 러시아, 인도, 이란, 튀르키예 등 큰 나라들 사이에 끼어 있어서 그런 게 아닐까?

 맞아. 19세기에는 인도양으로 진출하려는 영국의 침략을 받고, 1973년에는 아프가니스탄의 내전으로, 1979년에는 소련의 침략으로 오랫동안 고통받았지.

2001년 9·11 테러를 일으킨 오사마 빈 라덴을 잡는다는 명분으로 아프가니스탄을 침략한 미국이 아프가니스탄에 20년간 머물렀을 때는 이슬람 세력과 끊임없이 게릴라 전쟁이 일어났잖아요.

그 후에는 이슬람 극단주의 무장 단체인 탈레반이 집권해 여성들의 인권이 탄압받고 있단다.

자유 없는 여성의 삶이라니, 상상도 못 하겠어. 나 같아도 다른 나라로 이민 가고 싶을 것 같아.

* 아프가니스탄에서는 전쟁이 끊이지 않아 이민자가 많이 발생했어요. 나라가 강대국이 쳐들어오기 좋은 길목에 있던 것도 원인이지만, 여러 민족의 종교적 갈등, 자유주의와 공산주의의 대결 등으로 전쟁이 끊이지 않았죠. 아프가니스탄에서는 왜 이렇게 전쟁이 계속 일어났는지 여러 가지 원인을 생각해 보세요. 생각을 정리해서 부모님, 친구들과 함께 토론해 보세요.

퀴즈 맞히기

다음은 아프가니스탄과 관련 있는 용어예요.
무엇에 대한 설명인지 보기에서 찾아 빈칸에 써 보세요.

보기

탈레반, 부르카, 파슈토어, 카불, 바부르

❶ 아프가니스탄의 수도예요. 해발 약 1800미터의 고산 지대에 있으며 인구는 300만 명 정도예요. 페르시아어로 '왕의 다리'라는 뜻이에요.

❷ 아프가니스탄의 이슬람 극단주의 무장 단체예요. 2021년 8월 아프가니스탄의 집권 세력이 되었어요.

❸ 아프가니스탄에서 가장 많이 사용하는 다리어(아프간 페르시아어)와 함께 아프가니스탄의 공용어예요. 아프가니스탄 남동부와 파키스탄 북부에서 사용하며 이 언어를 사용하는 민족을 파슈툰족이라고 불러요.

❹ 인도 무굴 제국의 제1대 황제예요. 아프가니스탄의 카불에서 세력을 키운 이 사람은 인도를 침략하여 무굴 제국을 세웠어요. 카불 시내에는 이 사람의 무덤이 있는 바부르 정원이 있어요.

❺ 아프가니스탄 여성들이 입는 이슬람 전통 옷이에요. 얼굴이나 피부를 드러내면 안 된다는 이슬람 율법에 따라 머리에서 발목까지 덮어써서 신체의 모든 부위를 가려요.

정답
❶ 카불 ❷ 탈레반 ❸ 파슈토어 ❹ 바부르 ❺ 부르카

2장

희망을 잃은 미얀마의 난민

⊙ 자하라가 알려 준 미얀마의 천사

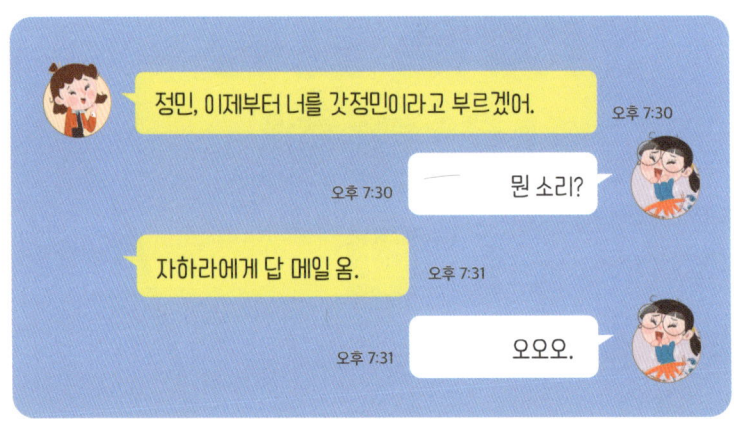

모든 것이 정민이의 작전대로 이루어졌어요.

정민이의 작전은 일명 '인스타 연결 작전'이었어요.

먼저 자하라의 인스타그램으로 쪽지를 보내는 거예요. 만약에 자하라에게 답장이 오면 자주 교류하면서 친해지고 자연스럽게 세븐스타 오빠들과의 연결고리를 만들겠다는 거지요.

"그건 못된 팬들이나 하는 짓 아냐? 개인적으로 연락처 알아내고 사는 곳에 찾아가는 거 말이야."

"에잇, 그건 아니지. 우린 선을 넘지 않아야지. 걱정하지 마, 누리야. 우리는 그냥 자하라와 친해지자는 거야. 혹시 모르잖아. 자하라와 친해져서 자하라의 콘서트도 보러 가고……, 그러다가 오빠들과 직접 만나게 될 수 있는…… 기적 같은 일이 일어날 수도 있지 않을까? 꿈이 너무 큰가?"

정민이는 자기도 어이가 없는지 킥킥거리더니, 그래도 한번 연락이나 해 보자면서 자하라의 인스타그램에 접속했어요. 누리는 정민이의 성화에 못 이겨 자하라에게 짧은 인사를 보냈어요.

정민이의 판단은 옳았어요. 자하라에게 쪽지를 보낸 누리는 괜한 짓을 한 건 아닌지 후회가 되었어요. '그래도 자하라는 국제적으로 유명한 사람인데 어쩌다 한번 만난 나 같은 아이에게 답장을 해 주겠어? 아니 읽어 보기나 하겠어?'라고 생각했거든요.

하지만 놀랍게도 자하라는 답장을 해 주었어요. 그것도 한글로요. 자하라는 번역기를 돌려서 한글로 누리에게 메시지를 보내는 거라고 했어요. 좀 이상한 부분은 있었지만 이런 내용이었어요.

"누리야, 한국에서 보낸 한 달은 정말 즐거웠어. 특히 너와 만난 날도 잊을 수가 없어. 한국인은 어렸을 때 모두 태권도를 배운다며? 누리도 태권도를 할 줄 알아? 나는 미얀마 소녀 에인젤 때문에 태권도를 알게 되었어. 에인젤의 나라에 평화가 깃들길 기도해 줘."

◉ 이제는 갈 수 없는 미얀마

미얀마? 미얀마 소녀 에인젤? 누리는 고개를 갸웃했어요. 에인젤이 누구인지는 모르겠지만 미얀마는 어쩐지 낯설지 않은 이름이었어요.

"엄마, 우리 옛날에 할머니랑 여행 갔던 나라가 미얀마 아니야?"

누리가 초등학교에 들어가기 전이니까 4년 전인가, 누리는 가족과 동남아시아 나라들로 여행을 갔었어요. 그중 한 나라가 미얀마였어요.

"미얀마 맞아, 왜?"

"그때 간 도시 이름이 뭐였지? 하얀 생크림처럼 생긴 탑에 갔잖아."

"만달레이."

"아, 맞다."

미얀마는 할머니가 좋아하는 불탑이 많은 나라로 아빠가 특별히 고른 여행지였어요. 만달레이는 우리나라의 부산처럼 미얀마에서 두 번째로 큰 도시인데, 유명한 사원이 많고 워낙 경치가 아름다운 곳이라 외국인 관광객들에게 인기가 많은 곳이에요.

저녁 때 아빠가 퇴근하시자마자 누리는 미얀마에서 찍은 사진을 보여 달라고 했어요. 누리의 아빠가 새 휴대 전화를 샀을 때라서 사진을 엄청 많이 찍었거든요. 사진첩을 하나하나 넘겨 가면서 보니 특별히 기억에 남는 사진이 많았어요. 첫 번째는 망고스틴을 파는 과일가게에서 찍은 거예요. 호텔 근처에 있는 과일가게였지요. 누리가 '맹글라마'라고 미얀마 말로 인사하니까, 과일가게 주인아주머니가 귀엽다고 망고스틴을 비닐봉투가 터지도록 담아 주셨어요. 처음 보는 망고스틴이 너무 맛있어서 만달레이에 머무르는 동안 이 가게에 여러 번 갔어요.

두 번째 사진은 파고다에서 아빠 등에 업혀 있는 사진이에요. 미얀마는 불교의 나라답게 불교 사원 파고다가 곳곳에 많은데, 사원에 들어갈 때는 반드시 맨발이어야 해요. 파고다는 신들이 사는 신성한 곳이니까 인간 세상의 때가 묻은 신발을 신고 들어가면 안 된다고 해요. 문제는 낮에는 사원의 돌바닥이 엄청나게 뜨겁다는 거예요. 누리가 팔짝팔짝 뛰면서 돌아다니니까 보다 못한 아빠가 업어 주셨어요. 하얗고 동글동글한 생크림 모양의 신쀼미 파고다, 누리가 좋아하는 민트색의 우민톤제 파고다, 황금빛 불상에 금박을 붙인 마하무니 파고다 등……

종족 갈등이 난민의 원인?
- 미얀마의 카렌족과 로힝야족 난민

미얀마는 한반도 면적의 3배가 넘는 인도차이나 반도에서 가장 큰 나라예요. 인구 수는 5천만 명 정도인데, 버마족, 카렌족, 샨족, 몬족, 로힝야족 등 30여 개의 소수민족으로 구성되어 있어요. 하지만 민족 통합은커녕 군부 독재가 계속되면서 미얀마 군정과 소수민족 반군 사이에 내전이 끊이지 않고 있어요.

2021년에 일어난 미얀마 민주화 운동으로 난민이 발생하기 훨씬 전부터 미얀마는 난민 문제가 심각했어요. 미얀마의 난민 문제는 소수민족 문제와도 복잡하게 얽혀 있어요. 그중에서도 카렌족과 로힝야족 난민 문제가 심각하답니다.

미얀마 남동부에 사는 소수민족 카렌족은 '카렌민족동맹'을 중심으로 자치권 확대를 요구하며 반정부 투쟁을 벌이고 있어요. 하지만 종교 문제로 반군이 두 편으로 나뉘면서 분열되었고, 미얀마 정부군의 공격으로 내전이 발생하여 1만 명이 넘는 난민이 이웃나라인 태국으로 탈출했어요.

미얀마 서부에 사는 로힝야족은 이슬람교도예요. 1885년 영국 식민지 시대에 방글라데시에서 이주해 온 로힝야족은 약 130년을 미얀마에서 살았지만 소수민족이라 시민권도 인정받지 못하고 많은 핍박을 받았어요. 2017년에는 미얀마 정부군이 로힝야족 반군을 진압하는 과정에서 수만 명이 다치거나 목숨을 잃었어요. 그해에 국경을 넘은 로힝야족 난민은 60만 명이나 되었지만 인접 국가인 말레이시아, 인도네시아, 태국은 모두 난민을 거절했어요. 현재 로힝야족 수만 명이 방글라데시에서 난민 생활을 하고 있어요.

↑ 소수민족 카렌족

파고다 이름들은 잊어버렸지만 파고다에서 아빠가 업어 주셨던 행복한 기억은 절대 잊을 수 없을 거예요.

세 번째는 누리가 미얀마의 전통 치마를 입고 있는 사진이에요. 미얀마에서는 남성이나 여성 모두 '롱지'라고 하는 전통 치마를 입어요. 한 장으로 된 긴 천을 허리에 묶어서 입는 치마지요. 불교 사원에는 민소매나 무릎이 드러난 옷차림으로는 들어갈 수 없어서 입구에서 롱지를 빌려주는 곳이 많아요. 누리는 반바지를 입고 있어서 롱지를 빌려 입었어요. 그런데 엄마가 입혀 준 롱지가 한 발짝 걸을 때마다 자꾸 흘러내리는 거예요.

"아니, 고무줄이 있는 것도 아니고 허리띠도 없고……. 도대체 어떻게 입으라는 거야."

엄마가 땀을 뻘뻘 흘리며 누리에게 롱지를 입혀 주는 것을 보고 사원의 안내원이 달려왔어요. 안내원이 치마의 한쪽 자락을 돌돌돌 말아서 허리춤에 쏙 넣으니 신기하게도 롱지가 흘러내리지 않았어요.

어느새 엄마도 와서 사진을 보셨어요.

"어휴…… 여행 갔다 온 게 엊그제 같은데 이젠 가지도 못하고……."

엄마가 착잡한 얼굴로 고개를 설레설레 흔들었어요. 우리나라는 미얀마와 무비자 여행 협정을 맺어서 대한민국 여권을 가진 사람이면 누구나 비자 없이 갈 수 있었어요. 물론 외국인 여행 금지 구역과 제한 구

역도 있어요. 반군들이 체류하며 점거한 위험한 지역도 있어서 미얀마 여행을 계획할 때는 가려는 곳이 안전한 지역인지 확인한 후에 여행 일정을 짜야 해요. 하지만 관광객이 많은 수도 양곤이나 유적지가 많은 만달레이, 바간 같은 지역은 안전해서 여행하는 데 전혀 문제가 없었고 전 세계에서 온 여행자들이 많았어요. 물론 지금은 갈 수 없게 되었지만요.

"알아. 미얀마 민주화 운동 때문에 그렇지?"

누리가 대답하자 엄마는 깜짝 놀랐어요. 사실 누리도 자하라에게 메일을 받고 미얀마에 대해 찾아보면서 알게 되었어요.

미얀마는 현재 나라 전체가 전시 상황이나 마찬가지였어요. 2021년 2월에 일어난 군부 쿠데타 때문이에요. 양곤과 만달레이를 비롯한 네 곳의 주요 도시에는 계엄령이 발표되었다고 해요.

"계엄령이 뭐야?"

"국가가 비상 사태라는 것을 선포한 거야."

"엄마, 그럼 치알 신도 알아?"

"치알 신?"

"응. 미얀마 소녀인데, 자하라는 에인젤이라고 불러."

누리 엄마는 차마 더 이상 말하지 못했어요. 치알 신에게 일어난 일이 너무 끔찍했기 때문이에요.

⊙ 이루지 못한 치알 신의 꿈

그날 저녁, 자하라가 말했던 '미얀마 소녀 에인젤'의 이야기가 뉴스에도 나왔어요. 궁금한 마음에 인터넷으로 검색해 보았더니 뉴스에서 미처 듣지 못한 에인젤의 이야기가 쏟아졌어요.

'angel'과 발음이 비슷해 천사라는 별명으로도 불렸던 19세 미얀마 소녀의 원래 이름은 치알 신이에요. 치알 신은 고등학교를 졸업하고 미용실과 댄스 클럽을 직접 운영하는 활발한 직장 여성이었어요. 태권도 강사로 아이들에게 태권도를 가르쳤고, 한국의 케이팝과 한국 춤, 한국의 연예인 등 한류 문화에 관심이 많았다고 해요.

치알 신이 태어나기 훨씬 전인 1962년부터 미얀마는 군부가 지배해 온 나라였어요. 53년 동안 지속되었던 이 군부 독재는 2015년의 국민 총선거로 막을 내렸어요. 아웅산 수치 국가 고문이 이끄는 민주주의민족동맹(NLD)이 국민 총선거에서 승리해서 민주 정부가 들어섰기 때문이에요. 하지만 5년 만에 다시 실시한 2020년 국민 총선거에서는 상황이 이상하게 전개되었어요. 이 선거는 성인이 된 치알 신이 태어나서 처음으로 투표를 할 수 있었던 선거이기도 해요. 투표하던 날 치알 신은 자신의 페이스북에 이런 글을 남겼어요.

"저 이제 투표하러 갑니다! 이제야 조국에 대한 의무를 다할 수 있게 되었어요."

미얀마가 더 좋은 나라가 되기를 바라는 치알 신과 미얀마 사람들의 마음은 민주주의민족동맹의 승리라는 투표 결과로 나타났어요. 그런데 국민의 투표로 선출된 국회가 새로 일을 시작하는 날 새벽, 미얀마 군부는 선거 결과를 뒤엎고 쿠데타를 일으켰어요. 이 쿠데타로 권력은 아웅 흘라운 국방군 총사령관에게 넘어갔고, 아웅산 수치를 비롯한 민주 정부의 고위 인사들은 감옥에 갇혔어요.

미얀마는 혼란에 빠졌어요. 최대 도시인 양곤과 만달레이를 비롯한 주요 도시에 계엄령이 선포되었고, 저녁 8시 이후부터 다음 날 새벽 4시까지 통행이 금지되었어요. 군부는 겉으로는 시민들을 존중하겠다고 말했지만 평화 시위를 벌이는 시민들을 향해 물대포를 쏘고 고무탄을 발사하며 시위를 계속할 경우 무기를 사용하겠다고 위협했어요. 군부의 대응은 점점 잔인해졌어요. 통금 시간을 앞둔 7시 30분경, 차량이 시위대를 향해 돌진해서 수십 명의 사망자가 발생했고, 총과 탱크가 등장했어요.

치알 신이 시위에 나가던 날, 아버지는 치알 신의 손목에 붉은색 띠를 묶어 주었어요. 붉은색은 아웅산 수치가 이끄는 민주주의민족동맹을 상징해요. 치알 신은 페이스북에 아버지와 찍은 사진을 올리면서 이렇게 썼어요.

"나는 혈액형이 B형이에요. 만약 내가 총에 맞아 죽으면 장기와 각막을 다른 사람에게 기증해 주세요."

치알 신이 입은 검은색 티셔츠에는 하얀 글씨로 이런 문구가 쓰여 있었어요.

모든 것이 다 잘될 거야!(Everything will be OK!)

치알 신은 결국 군대가 쏜 실탄을 머리에 맞고 사망했어요. '혈액형 B'라는 명찰을 단 채로요. 누리는 치알 신의 기사를 보며 믿을 수가 없었어요. 자기 나라를 쳐들어온 적군도 아니고, 총을 들고 있는 반군도 아닌데, 시위에 참가했다는 이유로 민간인에게 총을 쏘다니요!

누리는 치알 신이 한국 음악에 맞춰 신나게 춤을 추는 모습을 보았어요. 그 모습은 세븐스타 오빠들의 노래를 따라 부르며 춤을 추는 누리와 정민이의 모습과 다르지 않았어요.

'치알 신도 우리 세븐스타 오빠들을 알고 있겠지?'

누리는 한국 연예인들을 좋아하는 많은 외국인을 떠올렸어요. 세븐스타가 나오는 뮤직 비디오나 예능 프로그램을 보면, 영상을 본 수많은 나라 팬들이 자기 나라말로 댓글을 달아요. 누리와 정민이는 킥킥거리며 그 댓글들을 보곤 했어요. 댓글들을 읽지 않고 보기만 하는 것은 생전 처음 보는 글자들이 생각보다 많이 등장하기 때문이에요.

"이것 봐. 한글로 쓴 것도 있어. 번역기를 돌려서 쓴 건가 봐."

"이건 도대체 어느 나라 글자지? 정말 특이하다. 그림 같아."

"스페인은 물음표 모양이 거꾸로야."

"아랍어는 오른쪽에서 왼쪽으로 쓴대. 그럼 이 댓글도 그렇게 읽는 건가. 인터넷에 글을 쓸 때는 왼쪽에서 오른쪽으로 쓰나?"

치알 신도 어쩌면 누리나 정민이 같은 평범한 팬들이 하는 것처럼 좋아하는 연예인의 영상을 보면서 댓글을 달았을지도 몰라요. "언젠가 한국에 가면 꼭 만나고 싶어요."라고요.

한 번도 만나지 못했지만 치알 신이 너무 가여워서 누리는 가슴이 찌릿했어요.

◉ 미얀마의 위기, 미얀마의 희망

누리는 그 뒤로도 생각날 때마다 미얀마의 민주화 운동 상황은 어떻게 되고 있는지 찾아보았어요.

과거에 미얀마에서는 여러 차례의 민주화 운동이 있었어요. 특히 1988년에 일어난 '88혁명' 때는 온나라가 민주화를 향한 열망으로 뜨거워졌지만, 지도자가 체포되면서 실패로 끝났어요.

하지만 치알 신 같은 젊은 세대들이 참여한 2021년의 미얀마 민주화 운동은 아직도 진행 중이에요.

"우리는 단순히 군정을 반대하고 민주주의민족동맹을 지지하기 때문에 싸우는 게 아니에요. 국민이 민주적으로 선택한 정부를 거리낌 없이 뒤집어엎는 행위를 도저히 참을 수 없기 때문이에요. 국민의 뜻을 거스

르는 독재자를 몰아낼 때까지 미얀마 청년들은 끝까지 포기하지 않겠습니다. 우리가 바라는 것은 평등한 연방 민주주의 국가입니다."

며칠 동안 미얀마의 소식에 귀를 기울이던 누리는 한 가지 재미있는 소식을 듣게 되었어요. 누리가 옛날에 만달레이에서 사원에 들어가기 위해 입었던 롱지가 민주화 시위에서 저항의 상징으로 사용되고 있다는 이야기였어요.

사건은 미얀마 정부의 총사령관인 아웅 흘랑이 시위에 참여한 사람들, 특히 바지를 입은 여성들을 비난하면서 시작되었어요. 아웅 흘랑은 여성들이 입은 바지가 '미얀마 문화에 반발하는 외설적인 옷'이라며 비난했어요.

시민들은 보수적이고 시대에 뒤떨어진 생각을 가진 총사령관을 조롱하기 위해 그의 사진 옆에 빨랫줄에 걸린 롱지 사진을 붙였어요. 또 베란다의 빨랫줄에도 롱지를 널어놓고, 길거리의 전봇대를 가로질러 걸린 빨랫줄에도 롱지를 매달았어요.

왜냐하면 옛날부터 미얀마에는 '여자의 치마 밑으로 지나가면 불행이 닥친다.'는 믿음이 있었기 때문이에요.

집집마다, 거리마다 빨랫줄에 롱지가 걸리자 도로를 행진하거나 탱크나 차를 몰고 다니는 군인들은 크게 당황하기 시작했어요.

미얀마 민주화의 상징 '세 손가락 경례'

미얀마 민주화 시위에 참가한 시민들 사이에서 '세 손가락 경례'가 저항의 상징으로 사용되고 있어요. '세 손가락 경례'는 엄지와 새끼손가락을 뺀 나머지 세 손가락을 들어올리는 행동인데, 영화 <헝거게임: 판엠의 불꽃>에서 유래되었어요. 영화에서는 독재국가 판엠이 목숨을 건 생존 겨루기 전쟁을 벌이자 주인공인 캣니스가 저항의 상징으로 사용해요.

'세 손가락 경례'는 2014년에 태국 시위대가 저항의 상징으로 처음 사용한 후 '우산 혁명'이라고 부르기도 하는 홍콩 민주화 시위에서도 사용되었어요. 군부의 쿠데타에 저항하여 시위를 하고 있는 미얀마 사람들도 독재에 저항하고, 대의를 위해 희생한다는 뜻을 담아 '세 손가락 경례'를 하고 있어요. 거리의 담벼락에도 세 손가락 경례를 그린 그림들을 쉽게 발견할 수 있답니다. 경찰이 그림 위에 검은 칠을 해서 지웠지만 시민들이 다시 그 위에 세 손가락 경례 그림을 그렸다고 해요.

어떤 군인들은 차마 치마 밑으로 걸어가지 못하고, 탱크 위에 올라가 빨랫줄을 끊어버리거나 치마를 걷어 내기도 했어요. 이런 우스꽝스러운 모습이 사진에 찍혀 해외에서 뉴스로 나오기도 했지요.

"이제 여자의 힘을 더 보여 주자. 고작 옛날부터 내려오는 미신에도 벌벌 떠는 군인들에게 시민들의 본때를 보여 주자."

이렇게 힘을 모은 시민들은 군부를 조롱하며 더 많은 빨랫줄에 롱지를 매달고 있다고 해요.

"누리야, 언니 왔다."

오랜만에 정민이가 놀러 왔어요. 뜬금없이 사진전 티켓 두 장을 들고 왔어요.

북촌에서 난민과 관련된 사진전을 하는데, 중학생인 정민이 언니의 동아리에서 참여한다고 해요.

숫자로 보는 전 세계 난민

2022년 말 기준 | ⓒ 유엔난민기구(UNHCR)

1억 840만 명

난민 포함 전 세계 강제 실향민 수

난민 3530만 명, 국내 실향민 6250만 명
난민 지위 신청자 540만 명
기타 국제적 보호 필요 인구 520만 명

난민 발생의 원인

1 국가 간 전쟁과 내전
2 빈곤 문제
3 인권 침해와 정치적 탄압
4 소수 집단에 대한 박해(민족, 종교, 정치적 이유)
5 기후 변화 등 환경 문제

260만 명

신규 난민 신청

2022년 73만 400건 신규 난민 신청을 받은 미국이 최다 난민 신청 접수국이 되었어요.

난민 발생 상위 3개국

전 세계 난민의 52%는 다음 3개국 출신이었습니다.

- 시리아: 650만 명
- 우크라이나: 570만 명
- 아프가니스탄: 570만 명

난민 비호 상위 5개국

전 세계 국가 중 시리아 주변국 튀르키예가 360만 명으로 8년 연속 가장 많은 난민을 비호했습니다.

- 튀르키예: 360만 명
- 이란: 340만 명
- 콜롬비아: 250만 명
- 독일: 210만 명
- 파키스탄: 170만 명

강제 실향민 인구 분포 약 40%

18세 미만 아동은 세계 인구의 30%를 차지하지만 세계 강제 실향 인구의 약 40%를 차지합니다.

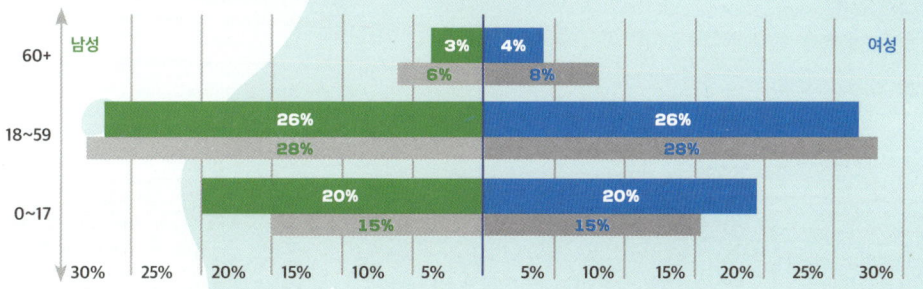

■ 강제 실향 인구
■ 세계 인구

연령	남성 강제 실향	남성 세계 인구	여성 강제 실향	여성 세계 인구
60+	3%	6%	4%	8%
18~59	26%	28%	26%	28%
0~17	20%	15%	20%	15%

미얀마의 반정부 시위는 어느 쪽의 잘못일까?

 미얀마에서도 매일 수많은 난민이 생기고 있다면서요?

 2021년 2월 1일 미얀마에서 쿠데타가 일어난 후 미얀마는 아직까지도 혼란스럽단다. 수많은 난민이 날마다 생기고 있어.

 미얀마는 왜 항상 혼란스러운 건가요?

 미얀마가 혼란에 빠진 까닭은 군인들 때문이야. 군인은 원래 나라를 지키는 게 임무란다. 하지만 미얀마는 오랫동안 군인이 나라를 지배하던 나라였어. 미얀마 총선거에서 군부 세력이 패배하자 2021년 2월 1일 쿠데타를 일으켜 정권을 잡았지.

 한마디로 군인이 마음대로 할 수 있는 나라였군요.

2021년 3월에는 군부 쿠데타에 항의하던 시민이 백 명 이상 총에 맞아 죽었다고 들었어요. 결국 참다못한 젊은이들은 총을 들어 맞섰고요.

지금까지도 미얀마에서는 총성이 그치지 않고 있어. 시위대와 군인들의 말을 들어 볼까?

시민들이 행사할 수 있는 유일한 권리인 선거 결과를 군인들이 거부하고, 이에 항의하자 총을 쏘아 사람을 죽이고 있어요. 시민들의 의견은 하나도 받아들여지지 않았죠. 총을 들어 맞서는 수밖에 방법이 없어요.

시민들이 시위를 벌이는 것을 이해할 수 없어요. 총과 칼로 무장하고 시위를 벌여 나라를 더 혼란에 빠뜨리기 때문이에요. 싸움보다 복종을 택하면 모두가 평화로워질 거예요.

* 여러분은 어떻게 생각하나요? 여러분이 보기에 시민들과 군인들 중에서 어느 쪽의 입장이 옳다고 여겨지나요?
미얀마 시민들이 어떤 선택을 하는 것이 옳은 일인지 생각해 보고 부모님이나 친구들과 토론해 보세요.

인도차이나 반도에서 미얀마 찾기

미얀마와 국경을 맞대고 있는 나라들이에요. 번호에 알맞은 나라의 이름을 찾아보세요.

정답: ① 방글라데시 ② 중국 ③ 라오스 ④ 태국

내 친구 '김영민'을 소개합니다

3장

서울에서 만난
시리아의 난민

◉ 시리아의 눈물

　누리와 정민이는 오늘 북촌 한옥마을에 가요.

　"북촌 골목길에 유명한 호떡집이 있는데 정말 맛있어. 꼭 먹고 와."

　늘 그렇듯 누리 엄마는 쿨하게 누리를 배웅했어요. 엄마랑 같이 가는 줄 알고 있었던 아빠가 더 걱정하면서 잔소리를 하셨어요.

　"버스에서 휴대 전화만 들여다보고 있으면 안 돼. 북촌 정류장에서만 잘 내리면 '갤러리 북촌'까지 길은 어렵지 않으니까, 지도 앱 보면서 잘 갈 수 있겠지?"

　"아빠는 내가 어린애인 줄 알아? 걱정하지 마. 혼자 가는 것도 아니고 정민이도 있잖아. 무슨 일 생기면 꼭 전화할게."

　누리는 혹시나 아빠가 또 잔소리할까 봐 얼른 인사를 하고 현관문을

닫았어요. 엘리베이터에 타자마자 정민이에게 카톡이 왔어요.

"어디야? 너희 집 거의 다 왔어."

1층에서 내리자 정민이가 좋아 죽겠다는 얼굴로 누리를 기다리고 있었어요. 손에 사진전 티켓을 흔들면서요.

"내가 가 보고 싶다니까 언니가 나를 다시 보는 거 있지? 맨날 연예인 사진만 모으는 줄 알았더니 난민에게 관심이 있었냐고 하면서 말이야."

미안한 일이지만 정민이 언니가 모르는 게 있어요. 정민이가 관심 있는 것은 사진전보다는 북촌 구경이거든요. 정민이는 한껏 들떠 있었어요. 아기자기하고 예쁜 액세서리를 파는 골목길 가게들도 구경하고, 가회동에서만 파는 누룽지 아이스크림도 먹을 거라고요. 무엇보다 중요한 건 세븐스타 오빠들이 뮤직비디오를 찍었던 가회동 성당 앞에서 인증샷을 찍는 거예요. 오늘 북촌을 방문하는 목적 중에서는 이게 가장 중요해요.

사진전이 열리는 갤러리는 복잡한 북촌 골목의 끝자락에 있었어요. 입구에서 한 외국인이 누리와 정민이에게 안으로 들어오라고 하면서 안내문을 주었어요.

-시리아의 봄을 기다리며: 시리아를 기억해 주세요-

　안내문 표지에는 하얀 헬멧을 쓴 군인 같은 사람이 있었어요. 아기를 품에 안은 그 사람은 눈물을 흘리고 있었어요. 이 사람은 시리아 현지에서 폭격이 일어나는 곳이면 어디든 달려가 시민들을 구하는 민간 구조대원 '화이트 헬멧'이라고 했어요.

　"정민아, 여기야."

　안쪽에 있던 작은 방에서 나오던 정민이 언니가 정민이와 누리를 발견하고는 들어오라고 손짓을 했어요. 누리와 정민이는 천천히 사진들을 구경했어요.

"전쟁이 일어났나 봐."

"여긴 무슨 수용소 같은데……."

"아이들이 더러운 물을 먹고 있어."

폭격을 맞은 듯 허물어진 건물들 속에서 사람들이 구조대를 향해 안타깝게 손을 흔드는 모습, 비쩍 마른 아이를 품에 안은 엄마의 지친 듯한 모습, 흙먼지가 풀풀 날리는 거리에서 먹을 것을 찾고 있는 노인……. 시리아에 대해서는 아무것도 몰랐던 정민이와 누리는 사진 속에서 처음 만난 시리아의 모습에 조금 당황스러웠어요.

"시리아를 위한 마음으로 찾아 주신 여러분, 감사합니다. 이 사진전은 10년 동안 이어진 시리아의 비극과 아픔을 알리기 위한 전시회예요."

사진전을 보러 온 사람들을 위한 안내가 시작되었어요. 그런데 인사말을 하는 사람은 아까 입구에서 만났던 그 외국인이었어요. 생긴 모습은 분명 외국인인데 우리말을 진짜 잘했어요.

"제 이름은 압둘 와합입니다."

와합은 우리나라에 온 시리아 유학생 1호이고, 한국의 대학원에서 법학을 공부하고 있다고 했어요. 시리아에서 대학을 졸업하고 변호사로 일하던 와합은 학비와 생활비까지 받을 수 있었던 프랑스 대학원을 거

시리아 난민 사태

시리아는 아시아, 유럽, 아프리카 세 대륙이 만나는 지점에 있어 예로부터 국제 교역의 중심지 역할을 했어요. '나라 전체가 박물관'이라고 할 만큼 역사 유적지도 풍부한 나라랍니다. 하지만 2011년 3월부터 시작된 내전으로 인해 시리아는

'생지옥'이라고 할 만큼 끔찍한 나라가 되었어요. 시리아 내전은 처음에는 장기 집권을 하려는 독재자와 민주주의를 주장하는 시민들의 갈등으로 시작되었지만, 정부의 무차별적인 진압과 반정부군의 과격한 행동, 알카에다와 IS의 개입, 반정부군을 지지하는 사우디아라비아와 시리아 정부군을 지지하는 이란의 세력 갈등 등 국내외의 문제들이 얽혀서 내전을 넘어서 여러 나라의 대리전처럼 되어 버렸지요. 10년이 지난 지금까지 끝나지 않은 시리아 내전의 최대 피해자는 시리아의 민간인들이에요. 시리아 정부군은 국민들을 압박하고 자기 편으로 만들기 위해 고의로 학교나 병원 같은 공공시설을 파괴하고, 수도나 전기 통신 등 공공 설비를 끊어 버렸어요. 밀가루나 우유, 기름 같은 생필품의 가격은 수십 배나 올랐고, 민간인 거주지에는 폭탄이 쏟아져 눈 깜짝할 사이에 잿더미로 변했지요. 안전한 곳을 찾아 고향을 떠날 수밖에 없었던 수백만 명의 시리아 사람들은 아직도 옆 나라나 유럽의 여러 나라를 떠돌며 불법 체류하거나 피난민 생활을 하고 있어요.

절하고 모든 사람이 반대하는 한국으로 왔어요. 시리아에서 만난 한국인 친구들 덕분에 한국과 한국의 문화에 깊은 관심을 가지게 되었기 때문이래요. 처음에 와합의 막힘 없는 한국말에 놀랐던 누리는 금세 그가 소개하는 시리아에 빠져들었어요.

⊙ 어느 날 갑자기 난민이 된 와합의 가족

누리는 시리아 사람들이 난민이 되기 위해 집과 조국을 떠나는 순간부터 고통을 겪고 있다는 것을 알게 되었어요.

"난민이 되고 싶어서 되는 사람은 없어요. 누구나 자기 고향에서 가족과 살고 싶어 하지요. 하지만 하루가 멀다고 폭탄이 터지고 총알이 날아다니면 어떨까요? 제 가족이 살던 고향이 바로 그랬어요."

와합의 가족은 와합이 한국에서 유학 생활을 하는 동안 난민이 되었어요. 고향인 라카가 악명 높은 극단주의 무장단체 IS의 본거지가 되었기 때문에 와합의 가족은 IS의 탄압을 피해 난민이 될 수밖에 없었지요. 가끔 전화로만 가족의 소식을 들어야 했던 와합은 피가 마르는 듯 고통스러운 시간을 보냈다고 해요.

"우리 가족은 시리아에서 그리스까지 배를 태워다 준다는 말을 믿고 작은 배에 탔어요. 난민에게 배를 태워 준 사람들은 안전하게 그리스 해안까지 데려다준다고 말했지만 그 말을 곧이곧대로 믿는 사람은 없었어요. 돈을 모아 이웃들도 한 사람당 수백만 원이나 되는 돈을 냈어요. 어떤 사람은 평생 모은 재산도 모자라 친척과 다른 가족들에게 돈을 빌려야만 했어요. 바닷가에서 기다리고 있어도 배가 오지 않는 때도 있고, 배를 몰아 본 경험이 없는 사람에게 다짜고짜 배를 조종하게 하고 자기는 없어지기도 해요. 6명이 타는 작은 고무보트에 30명이 넘는 사람들을 태우고는 나 몰라라 도망가 버리기도 하고요. 하지만 그런 걸 다 알고 있으면서도 일단 배를 타기로 한 이상, 되돌아갈 수가 없어요. 시리아에서 사람들을 기다리고 있는 것은 죽음뿐이기 때문이에요."

한때 시리아 북부 지역에서 손꼽히는 유력 가문이었던 와합의 가족은 지금 튀르키예에서 난민으로 살고 있다고 해요. 와합은 자신의 가족은 모든 것을 잃었지만 그나마 운이 좋아서 살아남았다면서, 아직도 수많은 난민이 탈출하고 있는 시리아의 참상을 전해 주었어요.

"집을 떠난 피난민들은 국경을 넘어 옆 나라인 요르단과 레바논, 그리고 유럽으로 열려 있는 튀르키예로 가요. 시리아 국경에는 총을 든 군인들이 지키고 있어요. 군인들의 눈을 피해 깜깜한 밤에 가는 도망길은 상상도 못 할 거예요. 발소리나 기침 소리라도 나서 군인들에게 발각되면 안 되기 때문에, 갓난아이에게는 잠자는 약을 먹이기도 해요. 국경을 미처 넘기 전에 군인들을 피해 도망가다가 다치거나 총에 맞아 목숨을 잃는 사람들도 많지요."

"그렇게 힘들고 위험한데 왜 난민이 되려는 건가요?"

설명을 듣던 한 관객이 물었어요.

"선택할 수 없으니까요. 시리아로 돌아가면 총에 맞아 죽을 수도 있으니까."

와합의 짧은 대답에 더는 아무 말도 할 수 없었어요. 와합은 "이번 사진전은 시리아의 아픈 모습을 전시했지만, 건강하고 행복한 시리아의 모습을 전시하는 날이 빨리 오길 바란다"고 감사 인사를 했어요.

⦿ 세계를 울린 난민 아기 쿠르디

멍한 표정으로 아직 보지 못한 사진들을 보던 누리와 정민이는 마침내 '그 사진'을 보게 되었어요. 빨간 윗옷을 입은 아기가 바닷가에 잠자듯 누워 있는 사진이었어요.

아기는 신발을 신은 채 바닷물이 밀려와 있는 모래사장에서 엎드려 있었어요.

누리가 정민이에게 속삭이듯 물었어요.

"왜 이런 데서 자는 거야?"

어느새 누리 곁에 있던 와합이 대답했어요.

"자는 게 아니에요."

와합은 조심스럽게 아기에게 일어난 일을 이야기해 주었어요. 아기

의 이름은 에이란 쿠르디. 세 살 된 남자아이라고 했어요. 사진이 찍힌 곳은 튀르키예의 휴양지인 보드룸의 해변이에요.

시리아에 살던 쿠르디는 가족과 함께 난민선을 타고 그리스 코스 섬으로 가던 길이었는데, 여러 사람이 탄 작은 보트가 뒤집히는 바람에 물에 빠져 죽은 채 바닷가로 밀려온 거예요. 다섯 살 된 쿠르디의 형도 함께 목숨을 잃었어요.

이 사진은 전 세계 사람들을 슬픔에 빠뜨렸고, 난민의 비극을 알리는 계기가 되었어요.

혼자 살아남은 쿠르디의 아버지는 아내와 두 아들을 시리아의 고향에 묻고, 지금은 이라크 아르빌의 난민 단체에서 일하면서 난민 문제를 국제적으로 알리는 일을 하고 있어요.

2021년 3월에 쿠르디의 아버지는 프란치스코 교황을 만났어요. 시리아의 내전이 10년째 되던 해였지요. 교황은 무기를 내려놓고 시리아가 희망을 되찾고 회복되기를 바란다고 호소했어요.

쿠르디의 사진은 시리아 내전의 아픔과 난민의 비극을 전 세계에 알렸지만, 수년이 지난 지금까지 시리아의 상황이나 아이들이 처한 상황은 달라지지 않았어요.

쿠르디가 죽은 몇 달 후, 다시 튀르키예 해변에서 네 살 소녀인 세나의 시신이 발견되기도 했지요. 난민이 되기를 선택하고 탈출하다가 길에서 목숨을 잃은 사람들, 고향에 살다가 공습을 받아 크게 다치거나 죽은 사람들도 여전히 많아요.

"얘들아, 여기에 시리아 아이들을 위한 편지를 써 줄래?"

정민이 언니가 동아리 친구들이 그린 엽서를 누리와 정민이에게 나눠 주었어요. 시리아의 한 난민촌에 구호품과 함께 보낸다고 했어요.

누리는 얼떨결에 시리아의 난민촌에 있는 얼굴도 이름도 모르는 아이에게 편지를 썼어요.

안녕, 나는 한국에 사는 누리라고 해.
너희 나라에 하루 빨리 평화가 찾아오길 기도할게.

엽서를 받은 정민이 언니는 누리의 글씨가 참 예쁘다고 칭찬해 주었어요. 하지만 누리는 기분 좋게 웃을 수가 없었어요. 시리아에서는 도

대체 무슨 일이 벌어지고 있는 건지, 시리아 난민촌에 사는 아이들은 어떻게 지내고 있는 건지 마음이 아팠기 때문이에요.

  누리는 자기가 쓴 편지가 시리아 아이들에게 조금이나마 위로가 되길 바랐어요.

유럽의 부랑자가 된 시리아 사람들

★ 시리아와 이웃 나라

아시아의 서부, 지중해 연안에 있는 나라로 정식 국가 이름은 수리야(시리아) 아랍 공화국이에요. 현재의 대통령인 알아사드는 2000년부터 집권하고 있는데 1971년부터 2000년까지 집권한 아버지 하피즈 알아사드의 뒤를 이어 50년 가까이 세습 통치를 하고 있어요. 이웃 나라는 북쪽으로는 튀르키예, 동쪽은 이라크, 남쪽은 요르단, 서쪽은 레바논 등이 있어요. 서쪽은 지중해와도 접해 있어서 지중해를 건너면 그리스를 비롯한 남유럽 국가들로 갈 수 있어요.

★ 시리아의 난민 현황

시리아의 난민은 670만 명으로 전 세계에서 난민이 가장 많은 나라예요. 이 중 절반 정도인 45%는 18세 이하예요. 이 아이들은 주변 나라에서 난민으로 생활하거나 국내의 실향민으로 살고 있어요.

유엔난민기구에 따르면 시리아 난민의 80%가 빈곤층으로 생활하고 있으며 35%의 난민 아이들은 학교에 다니지 못한다고 해요.

★ 시리아의 난민은 어디로 갈까?

전쟁이 10년이 넘어가면서 시리아의 난민은 줄어들지 않고 있어요. 시리아 난민의 90%는 튀르키예와 레바논, 요르단, 이라크, 이집트 등 이웃 국가에서 살고 있어요(유엔난민기구 2023년 10월 기준). 이들 중 수천 명이 넘는 사람들은 더 멀리 북아프리카나 유럽으로 목숨을 건 탈출을 하기도 해요.

- 튀르키예: 327만 명
- 레바논: 78만 명
- 이라크: 27만 명
- 요르단: 65만 명
- 이집트: 15만 명

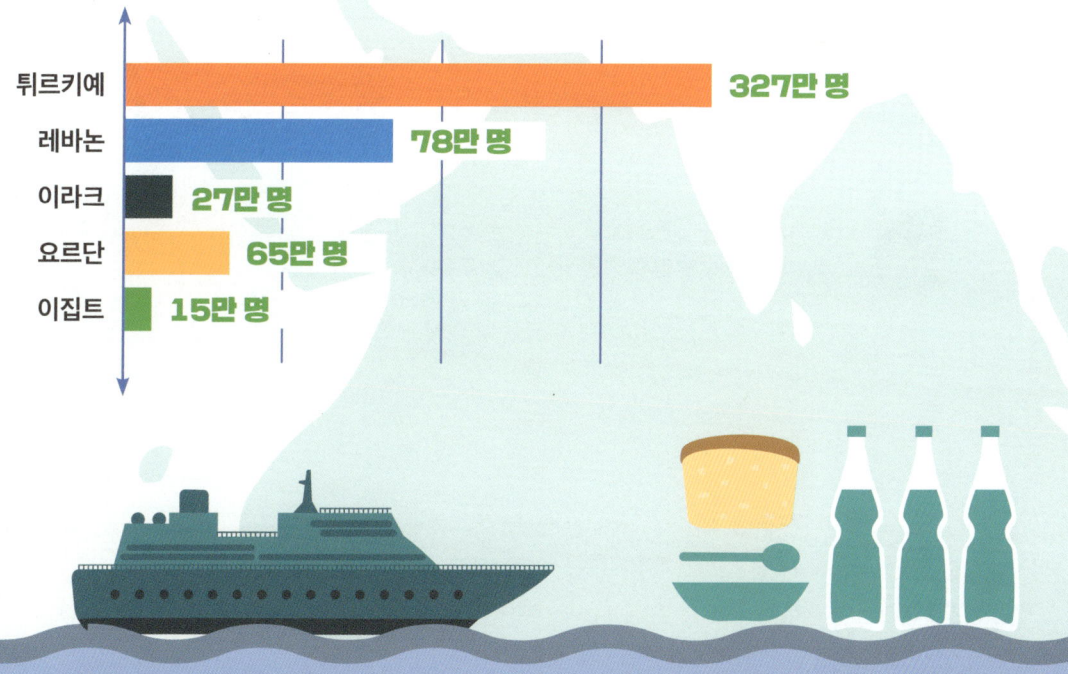

토론왕 되기!

난민 발생국의 이웃 나라는 무조건 난민을 받아들여야 할까?

튀르키예에는 무려 360만 명에 가까운 시리아 난민이 살고 있단다. 사실 튀르키예에는 시리아 난민뿐만 아니라 중동과 아프리카 여러 나라의 난민들이 머물고 있어.

튀르키예에 난민들이 많이 몰려드는 이유가 뭐예요?

대륙에 걸쳐 있어서 육로를 통해 서유럽까지 갈 수 있는 튀르키예의 지리적 특성 때문이야. 튀르키예와 EU(유럽연합)가 난민 협정을 맺기도 했고.

난민 협정이 어떤 내용인데요?

난민들이 쏟아져 들어오는 것을 염려한 EU는 2015년 튀르키예와 난민 협정을 맺었단다. 튀르키예가 난민들을 수용하는 대신 큰돈을 지원하고, EU에 가입시켜서 튀르키예 사람들이 EU에 무비자로 입국할 수 있게 해 주었지.

그럼 튀르키예에도 잘된 일 아녜요?

하지만 난민들이 넘쳐나면서 보다 실질적인 협력 방안이 필요하다는 입장이란다. 2021년 탈레반이 지배하는 아프가니스탄 난민들이 급증하기도 했고. EU가 약속한 튀르키예 국민의 EU 무비자 입국과 튀르키예의 EU 가입 협상도 사실상 실현되지 않았거든.

난민 문제가 심각해지자 살기가 힘들어진 튀르키예 사람들의 불만도 높아졌다고 뉴스에서 본 적 있어요.

저 같아도 난민에게 일자리를 빼앗기면 난민이 우리나라 오는 게 싫을 것 같아요.

설상가상으로 2021년 튀르키예에서는 산불과 홍수 등 최악의 자연재해가 발생해 국가적인 재난을 겪었어. 난민에 앞서 자국민들을 돌봐야 하는 상황이 더 급해졌지.

* 난민 수용 문제는 국제 사회에서 각 국가의 이익과 이해가 서로 얽혀 있어서 어느 한 국가가 독자적으로 나서서 해결책을 찾는다는 것은 불가능해요. 여러분은 이 문제에 대해 어떻게 생각하나요? 튀르키예는 계속해서 난민을 받아들여야 할까요? 유럽연합과 협상을 해서 지원금을 더 받아들여야 할까요? 아니면 아예 국경을 봉쇄하고 난민들을 오지 못하게 막아야 할까요? 내가 튀르키예의 국민이라면, 난민의 입장에 대해 어떤 선택을 하는 게 좋을지 생각해 보고 부모님, 친구와 함께 토론해 보세요.

시리아 난민 퀴즈

누리와 정민이는 시리아의 난민 상황을 퀴즈로 풀면서 기억하기로 했어요. 누리와 정민이가 낸 문제를 읽고 올바른 내용에 O표를 해 보세요.

시리아는 아시아의 서쪽, 지중해 연안에 있는 나라예요. 이웃 나라로는 북쪽에 (튀르키예 | 독일), 동쪽에 이라크, 남쪽에 요르단, 서쪽에 레바논이 있어요.

시리아는 예로부터 국제 교역의 중심지였어요. 아시아, 유럽, (아프리카 | 오세아니아)의 세 대륙이 만나는 지점에 자리 잡고 있기 때문이에요.

2011년 3월에 일어난 시리아 (내전 | 지진)은 지금까지도 진행 중이에요. 처음에는 독재에 대항하는 민주화 운동에서 시작되었지만 알카에다와 IS의 갈등, 주변의 아랍 국가와 미국, 유럽, 러시아 등 다른 나라의 개입으로 10년이 넘게 계속되고 있어요.

하얀 헬멧이 상징인 (화이트 아미 | 화이트 헬멧)은 시리아 반군 측의 자원봉사자들로 이루어진 민간 구조대예요. 이들은 전쟁이나 지진 등의 재해로 피해를 본 민간인들을 구조하고 안전한 곳으로 대피할 수 있도록 도와줘요.

정답: 튀르키예, 아프리카, 내전, 화이트 헬멧

4장

우리 곁의 난민, 우리 밖의 난민

⦿ 올림픽의 영웅, 난민팀

시리아 사진전에 다녀온 후 여름 방학이 시작되었어요. 그리고 우여곡절 끝에 1년이나 연기되었던 도쿄 올림픽이 열렸지요.

"선수 입장 시작! 그리스 나온다."

누리네 가족은 스포츠란 스포츠는 죄다 좋아하는 아빠의 성화에 못 이겨 일찌감치 치킨을 주문해 놓고 개막식을 보고 있었어요. 그러던 중 이상한 장면을 발견했어요.

올림픽에서 가장 먼저 등장하는 나라는 언제나 그리스예요. 올림픽이 제일 처음 생긴 나라를 기념하는 거죠. 그 뒤로는 개최하는 나라의 언어 순서대로 입장해서 올림픽 때마다 입장하는 나라 순서가 바뀌어요. 우리나라에서 올림픽이 열렸을 때는 가나다 순서로 입장을 해서 그리스의 다음 순서는 가나였어요.

"일본의 언어는 아이우에오로 시작해. 그래서 그리스 다음에 입장할 첫 나라는 아이슬란드, 두 번째 나라는 아일랜드야."

분명히 며칠 전에 아빠한테 듣고는 '아, 그렇구나' 하고 고개를 끄덕였던 기억이 나요. 그런데 그리스 다음에 나온 것은 국가가 아니었어요. 게다가 그 팀의 기수가 들고 있는 깃발은 한 나라의 국기가 아니라 올림픽을 상징하는 오륜기였어요.

"난민팀이래!"

자막을 읽고서야 누리는 그 팀의 정체를 알게 되었어요. 곧이어 해설자의 설명이 이어졌어요. 오륜기를 들고 입장한 난민팀은 전 세계의 난민으로만 이루어진 선수팀이에요. 시리아, 남수단, 이란, 아프가니스탄 등 11개국에서 모인 29명의 선수가 이룬 팀이지요. 올림픽에 난민팀이 출전한 것은 2015년 브라질에서 열린 리우 올림픽에 이어 이번이 두 번째라고 해요.

"……여러분은 폭력, 굶주림, 또는 단지 다르다는 이유만으로 고국으로부터 도망쳐야 했지만, 오늘 우리는 평화의 장에 오신 여러분을 두 팔 벌려 환영합니다……."

올림픽위원장은 개막식 연설에서 난민팀 선수들에게 응원의 메시지를 보냈어요. 누리는 궁금증이 생겼어요. 열악하다는 난민촌에서 지내

면서 어떻게 올림픽에 출전할 수 있었을까 하고요. 그래서 리우 올림픽과 도쿄 올림픽에 출전한 난민팀 선수들에 대해 찾아보았어요.

마소마 알리 자다(아프가니스탄/사이클)

아프가니스탄에서 태어난 마소마는 탈레반의 탄압을 피해 이웃 나라인 이란에서 어린 시절을 보냈어요. 탈레반 정부가 붕괴되면서 다시 아프가니스탄으로 돌아온 마소마는 사이클 국가대표 선수팀이 되었어요. 하지만 아프가니스탄에서는 자전거는커녕 여자가 운동하는 것 자체를 금기시하는 분위기여서 자전거를 타고 가다가 사람들이 던지는 감자나 돌을 맞은 적도 많았다고 해요. 사이클 선수를 포기할 수 없었던 마소마는 결국 프랑스로 망명해 올림픽에 출전했어요.

유슬라 마르디니(시리아/수영)

마르디니는 원래 시리아에서 주목받는 수영 기대주였어요. 2012년 세계수영선수권 대회에 시리아 대표로 출전하기도 했지요. 하지만 내전으로 다마스쿠스에 있는 집이 파괴되자 더는 시리아에서 살 수 없게 되어 독일로 가기로 했어요. 중간 지점인 그리스 레스보스섬으로 가던 중 보트의 모터가 고장 나고 물이 스며들기 시작했어요. 6명이 탈 수 있는 조그만 고무보트에 20명이 넘는 사람들이 탔기 때문이지요. 마르디니는 바다로 뛰어들어 보트를 밀었고, 4시간 뒤에 항구에 도착할 수 있었어요. 난민으로 독일에 정착한 마르디니는 리우 올림픽에 이어 도쿄 올림픽에도 출전했어요.

로즈 나티케 로콘옌(남수단/육상)

리우 올림픽에서 기수를 들었던 로콘옌은 남수단에서 태어났어요. 8세 때 내전을 피해 고향을 떠나 13년간 케냐의 난민 캠프에서 살았지요. 난민 캠프에서 열린 10km 달리기 대회에 맨발로 출전한 로콘옌은 2위를 차지했고, 리우 올림픽에 첫 출전했어요.

4장 우리 곁의 난민, 우리 밖의 난민

타츨로위니 가브리예소스 (에리트레아/ 마라톤)

12세 때 에리트레아 분쟁 지역에서 도망 나온 타츨로위니는 수단과 이집트의 사막을 걸어서 횡단하여 이스라엘로 탈출했어요. 도쿄 올림픽에서는 2시간 14분 2초라는 기록으로 완주하여 16등으로 결승선을 통과했어요.

제임스 냥 치엥지에크 (남수단/육상)

치엥지에크 역시 내전 중인 남수단을 떠나 케냐의 난민 캠프에서 11년을 살았어요.
남수단의 소년들은 자기 의지와는 상관없이 소년병으로 전쟁에 끌려가요. 치엥지에크는 다른 소년들처럼 소년병으로 끌려가는 것을 피해 고통스러운 피난길에 올랐어요.

자말 모하메드 (남수단/육상)

모하메드는 군인이었던 아버지가 돌아가신 뒤 소년병으로 강제 징집될 위험을 피해 난민이 되었어요. 16세 때 시나이 사막을 건너 이스라엘로 먼저 갔던 모하메드는 케냐의 카쿠마 난민촌에서 지냈어요. 그러던 중

캠프에서 열린 육상대회에서 놀라운 실력을 드러내며 리우 올림픽에 첫 출전했어요.

이에크 퍼 비엘(남수단/육상)

남수단을 떠난 뒤 10년간 케냐의 난민 캠프에서 살던 비엘이 육상을 하게 된 것은 올림픽에 참가하기 불과 1년 전이에요. 훈련 시설도 제대로 없는 열악한 환경에서도 도전을 멈추지 않았고 육상 800미터 대회에 출전했어요. 비록 올림픽 대회에서 메달을 따지는 못했지만 난민으로서 뭔가 할 수 있다는 사실을 널리 알린 것이라고 말했어요.

솅겐 조약의 딜레마

솅겐 조약은 하나의 나라처럼 묶여 있는 유럽연합이 1985년에 만든 조약이에요. 룩셈부르크 솅겐에서 체결한 조약으로 여행과 통행을 간편하게 하려고 국경을 개방한다는 내용이에요. 현재 유럽연합 내 22개 국가와 자유무역연합에 해당하는 4개 국가 등

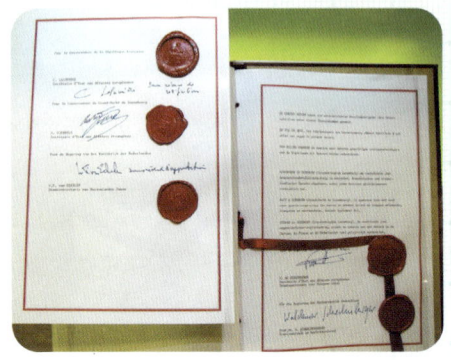

26개 국가가 가입되어 있어요. 솅겐 조약 덕분에 유럽 사람들은 서로의 나라를 통과할 때 간편하게 다닐 수 있었지만 최근에는 난민 문제 때문에 솅겐 조약이 골칫거리가 되고 있어요.

솅겐 조약에 따르면 난민이 첫발을 디딘 나라에 난민 신청을 할 수 있지만, 중동과 아프리카에서 엄청난 수의 사람들이 들어오면서 2015년 9월부터 국경을 통제하는 나라들이 늘어나고 있어요. 특히 2015년 11월에 터진 파리 테러 직후 프랑스는 국가 비상 사태를 선포하면서 프랑스 본토에서의 솅겐 조약을 잠정 중단했어요. 이런 결정은 점차 다른 유럽 나라들로 퍼졌어요. 2021년부터는 솅겐 지역을 여행할 때 무비자 협정 국가들을 대상으로 전자여행 허가 제도가 도입되어 개인 신상 정보를 등록하지 않으면 여행이 불가능해졌어요.

⊙ 스스로 난민이 된 이란의 국민 영웅

난민으로 살다가 올림픽에 출전한 선수들 말고도 올림픽에 참가한 이후에 난민이 된 선수도 있었어요. 리우 올림픽 때 태권도에서 동메달을 딴 이란 선수 키미아 알리자데가 바로 그런 선수예요.

키미아는 이란 역사상 최초의 여성 메달리스트였어요. 이란은 사우디아라비아와 함께 57개의 이슬람권 국가 중 히잡을 의무적으로 착용해야 한다는 규정을 적용하는 나라예요. 특히 이란은 외국인 방문자들에게도 히잡 착용을 강요해요. 여성이라면 누구든 이란 공항에 비행기가 내리는 순간부터 히잡을 써야 해요. 만약 이란 여성이 공개된 장소에서 히잡을 쓰지 않으면 2개월 이하의 징역이나 벌금이라는 처벌을 받아요.

키미아가 2016년 브라질에서 열린 리우 올림픽에 참가했을 때는 히잡을 쓴 채 경기를 치러야 했어요. 하지만 그 뒤로 키미아는 난민 신청을 해서 독일로 이주했고, 이번 도쿄 올림픽에서는 난민팀 소속으로 출전해서 처음으로 히잡을 벗은 채 경기장에 나왔어요.

"이란에도 전쟁이 일어난 거야? 키미아는 왜 난민이 된 거지?"

"전쟁이 아니어도 난민이 생길 수 있어."

열여덟 살 때 이란 여성 최초로 올림픽 메달리스트가 된 키미아는 이란으로 돌아가자마자 국민 영웅이 되었어요. 하지만 키미아에게 돌아온 것은 유명 스타라는 즐거움과 명예가 아니라 억압과 원치 않는 의무였어요.

이란은 키미아에게 태권도 선수 메달리스트가 아니라 이란의 여성을 원했어요. 어디를 가든 이란의 모범적인 여성처럼 옷차림을 하라고 했고, 방송에 나갈 때는 태도나 말투, 표정까지 간섭을 받았어요. 남자들은 키미아가 딴 메달은 좋아하면서도 '여자가 다리를 그렇게 쭉쭉 뻗다니 볼썽사납다.'라며 쑥덕거렸지요.

테헤란 시내에는 키미아의 사진이 걸렸지만, 여성을 차별하는 이란의 풍습은 올림픽 이후에도 바뀌지 않았어요. 키미아는 더는 정치적으로 이용당하지 않겠다고 결심했고, 독일로 건너가 스스로 난민이 되었어요.

◉ 난민팀이 필요 없는 날까지

태어난 나라도, 조국을 떠난 이유도, 난민이 된 사정도 저마다 달랐지만, 난민팀 선수들은 전 세계 수천만 명의 난민을 대표해서 올림픽에서 땀을 흘렸어요.

"국적도 종목도 다르지만, 난민팀은 다른 어느 나라 선수들보다 끈끈한 우정이 있어요. 난민 캠프에서 지냈던 공통의 경험이 있으니까요."

"국가는 없지만, 운동하고 있으면 어딘가에 소속되어 있다는 생각에 안심이 돼요."

"비록 메달은 따지 못했지만, 난민들도 무언가를 할 수 있다는 사실을 보여 줄 수 있어서 기뻐요."

"난민들도 평범한 사람이에요. 하고 싶은 일도 있고, 미래에 대한 희망도 품고 있답니다."

난민팀 선수들의 인터뷰를 지켜보던 누리 가족은 난민팀이 꼭 메달을 딸 수 있으면 좋겠다고 응원하면서도 한편으로는 걱정이 앞섰어요.

"훈련도 제대로 못 받았을 거야……."

"훈련은커녕 다른 나라에서 열리는 대회나 예선전에 출전하러 갈 때는 공항에서 비자를 받지 못해서 고생한 적도 많대."

"저 선수는 다음 파리 올림픽에도 도전할 거래. 꿈과 도전은 멈추지 않는다! 멋지다."

엄마와 아빠의 이야기를 듣던 누리는 갑자기 말했어요.

"난민팀이 없어져야 좋은 거지."

누리 엄마와 아빠는 말을 멈추었어요.

왜 그런 생각을 하지 못했던 걸까요? 난민팀이 메달을 따는 것보다 더 좋은 것은 더 이상 올림픽이나 패럴림픽에 난민 대표팀이 필요 없는 날이 오는 거예요.

스포츠 선수라면 누구나 자기 나라의 국기 아래에서 훈련하고, 메달을 땄을 때 시상대 위에 올라 국가가 울려 퍼지는 것을 듣는 것을 꿈꿀 테니까요.

"누리 말이 맞아! 한누리 파이팅!"

누리 아빠는 누리에게 엄지손가락을 척, 들어 보였어요.

4장 우리 곁의 난민, 우리 밖의 난민

"왜 한누리가 파이팅이야, 난민팀 선수들이 파이팅이지!"

엄마의 말에 아빠가 껄껄 웃으셨어요. 엄마의 말대로 누리는 마음속으로 난민팀 선수들에게 파이팅을 외쳤어요. 난민팀이 없어지는 날까지, 모두들 자기 나라로 돌아가 국가대표가 되는 날까지 누리도 난민팀 선수들을 응원할 거예요.

세계의 난민촌 이야기

난민촌(난민 캠프)은 난민들이 임시로 거주하다가 다른 곳으로 옮겨 가기 위한 공간으로 만들어졌어요. 하지만 현실은 그렇지 못해요. 난민 사태가 해결되지 않고 새로운 문제로 난민이 생겨나면서 난민촌에서 오래 머무는 경우가 많아지고 있어요. 난민촌에서 태어나 일생의 대부분을 난민촌에서 지내는 사람들 역시 늘어나고 있어요.

★ 방글라데시 쿠투팔롱 난민촌

미얀마와 방글라데시의 국경에 있는 쿠투팔롱 난민촌은 여의도의 3배 정도 되는 면적 안에 로힝야족 난민 100만여 명이 살아요. 차별과 학살을 피해 미얀마를 떠난 로힝야족은 이곳에서도 이동하거나 교육받을 자유가 없어요. 정부의 허락 없이 난민촌 밖으로 나갈 수도 없어요. 최소한의 식량만 배급받기 때문에 과일이나 녹색 채소를 먹으려면 돈을 내고 사야 해요.

★ 케냐 카쿠마 난민촌

케냐 북서부에 있는 카쿠마 난민촌은 1992년 수단 내전의 피란민들이 정착하면서 처음 생겼어요. 이곳에는 소말리아, 남수단, 우간다 등 인근 아프리카 국가에서 내전을 겪은 사람들이 많이 있어요. 2023년 8월 기준 난민 신청자를 포함한 난민 26만 명 정도를 수용하고 있지요.

★ 레바논의 시리아 난민촌

레바논은 전 세계에서 인구 대비 난민 비율이 가장 높은 나라예요. 레바논에는 120만 명이 넘는 시리아 난민이 살고 있는데, 전체 인구의 1/5이나 돼요.(2022년 기준) 시리아에서 불과 10km 정도 떨어진 자흘레에는 크고 작은 난민촌이 3000여 곳이 넘어요. 이 중에는 국제기구의 구호 물품이나 지원을 받지 못하는 비공식 난민촌도 많아서 난민들은 비참한 생활을 하고 있어요.

★ 탄자니아 은두타 난민촌

은두타 난민촌은 처음에는 난민 5만 명을 수용할 수 있도록 설계되었지만, 그 두 배가 넘는 난민들이 살고 있어요. 이곳의 난민들은 임시 텐트에서 지내며 콩이나 옥수수 가루로 식량을 배급받아요. 원래부터 그 지역에 살고 있었던 탄자니아 원주민들은 난민들 때문에 물과 땔감이 부족하다며 불만을 터뜨리고 종종 난민들과 충돌하기도 해요.

ⓒ굿네이버스

난민촌에서도 학교에 다녀야 할까?

방글라데시 콕스바자르에 있는 쿠투팔롱 난민촌은 미얀마 군부의 학살을 피해 온 난민들이 사는 곳이란다. 방글라데시 정부는 2019년부터 안전상의 이유로 난민촌 곳곳에 철조망을 설치하고 말 그대로 난민들을 가두고 있어. 난민촌에서는 인터넷과 전화가 차단되는 것은 물론이고, 바로 옆의 이웃 난민촌에도 방문할 수 없어. 더욱 심각한 문제는 아이들을 가르칠 교육 시설이 없다는 거지.

쿠투팔롱 난민촌에는 학교가 없다고? 우아, 좋겠다!

교육자들과 지역 주민들이 학교를 지으면 경찰이 건물을 부숴서, 대다수의 난민 어린이들은 학교는커녕, 글도 모르는 채 자라고 있단다.

쿠투팔롱 난민촌에 사는 아이들이 너무 안됐어요.

열악한 환경이지만 학교를 운영하는 난민촌도 있어. 자타리 캠프에는 요르단 정부가 난민 아동들의 교육을 위해 세운 중·고등학교가 있지. 케냐의 카쿠마 난민촌에도 초등학교와 중·고등학교가 있단다.

학교에 가고 싶은 학생도 있지만, 저처럼 학교에 가기 싫어하는 학생도 있을 거예요.

그런데 학교에 갈 수 없는 난민들은 그런 선택을 할 수조차 없잖아.

그래서 유엔아동권리협약과 1951년 난민의 지위에 관한 협약에서는 교육을 난민의 기본 인권으로 정하고 교육을 받을 권리를 지켜주기 위한 조항을 만들었단다.

* 학교는 학생들이 친구를 사귀고 미래의 꿈을 이뤄 줄 지식을 배우는 공간이에요. 여러분은 당장 생존이 시급한 난민촌에서 살면 학교에 다닐 필요가 없다고 생각하나요, 아니면 현재 상황이 어려울수록 미래를 위해 더욱더 열심히 공부해야 한다고 생각하나요?
난민 어린이의 입장에서 학교와 공부에 대해서 어떤 입장을 갖는 것이 좋을지 생각해 보고 부모님, 친구와 함께 토론해 보세요.

생각 유추하기

난민들이 거주하는 곳에 보내고 싶은 물품이나 필요하다고 생각하는 시설은 무엇인지 그 이유와 함께 써 보세요.

생수, 정수기: 더러운 물을 먹으면 병에 걸리기 쉬우니까

모기장: 말라리아 같은 질병을 옮기는 모기를 피해야 하니까

학용품: 아이들이 하고 싶은 공부나 그림을 그리는 데 필요하니까

예시: 케이블이 없는 전등과 배터리: 전력이 없어도 밝힐 수 있으니까 / 텐트: 난민촌에는 많은 사람이 있으니까

◉ 난민에게 내미는 손

북촌에서 열렸던 시리아 사진전이 저녁 뉴스에 나왔어요. 1분도 안 되는 짧은 시간이었지만 와합이 인터뷰하는 모습도 나오고요.

"텔레비전에 아는 사람이 나오니까 신기하다."

자기가 텔레비전에 나온 것도 아니면서 정민이는 들뜬 목소리로 이렇게 말했어요.

아는 사람? 누리는 그 말이 조금 신기하게 들렸어요. 아주 잠깐 만났을 뿐인데 스스럼없이 아는 사람이라고 말하는 정민이도 신기했고요. 하지만 '옷깃만 스쳐도 인연이라는데 당연하지.'라는 정민이의 대답처럼, 누리는 다시 와합을 만날 기회가 생겼어요.

"와합이 친구들과 함께 '시리아 돕기 작은 장터'를 연대."

며칠 후 정민이가 새로운 소식을 갖고 왔어요. 뉴스에 나온 덕분인지 시리아 사진전에는 예상보다 많은 사람들이 보러 왔다고 해요. 시리아가 겪고 있는 일에 관심을 갖게 된 사람들도 많아졌고요. 그래서 와합은 시리아를 도울 장터를 기획하게 된 거예요.

정민이 언니네 동아리에서는 장터가 열리는 날 직접 그린 엽서를 판매하고, 휴대 전화 고리 같은 액세서리를 만들어서 그 판매 수익금을 시리아 난민 캠프에 기증한다고 해요.

"당장 필요한 물품을 보내는 것뿐만 아니라 더 큰 계획도 있대. 난민촌 안에 학교를 짓는 프로젝트야."

"난민촌 학교? 멋지다."

정민이가 학교 친구들에게도 얘기해서 장터에서 판매할 물건을 모은다고 하기에 누리도 친구들 몇 명에게 장터 이야기를 했어요. 어렸을 때부터 학교나 아파트 단지 내에서 종종 아나바다 장터를 함께 해 봤던 친구들이었거든요. 아나바다 장터는 '아껴 쓰고 나눠 쓰고 바꿔 쓰고 다시 쓰자'는 의미에서 열리는 재활용 캠페인이에요.

하지만 몇몇 친구들의 대답은 누리의 기대와는 달랐어요.

"난민 돕기? 난, 난민 싫어."

차갑고 쌀쌀맞은 반응이었어요. 그 말을 한 친구는 난민은 가난하고 무서워서 우리나라에 오는 것이 싫다고 했어요.

"난민들을 쉽게 받아 주면 우리나라로 죄다 몰려올 거야."

"맞아. 범죄 소굴이 되어 버릴걸?"

"이슬람교를 믿는 나라에서는 여자들이 망토 같은 걸로 온몸을 가리고 다녀야 한대. 그런 문화는 좀…….."

"우리나라에도 가난한 사람이 많잖아. 왜 난민까지 도와야 해?"

누리에게 직접 한 말은 아니었지만 친구들이 저마다 한마디씩 하는 말을 듣고 있던 누리는 왈칵 눈물이 나올 뻔했어요. 친구들이 하는 말이 잘못되어서가 아니라 친구들에게 무슨 말이라도 해야 하는데 머리가 하얘지면서 한마디도 떠오르지 않았기 때문이에요. 자하라를 알게

된 후 그래도 난민에 대해서 조금은 알게 되었다고 생각했던 누리는 속이 상했어요. 할 말은 생각나지 않고, 무슨 말이라도 하자니 괜히 난민을 변호하는 것처럼 느껴지기도 했어요, 뭐라고 한마디 했다가 어떤 반응이 나올지 두렵기도 했고요.

누리는 언제나처럼 1층에서 기다리고 있던 정민이를 보자마자 참았던 눈물을 터뜨렸어요.

"난민을 돕는 데 무슨 이유가 필요해? 꼭 이득이 있어야만 도와줄 수 있는 거야? 길거리에서 폐지를 줍는 할머니가 힘들게 리어카를 끌고 가는 걸 보고 도와줬다고 해 봐. 리어카를 밀어 준 사람에게 무슨 이유가 있겠어? 아무 이득을 바라지 않고 순수한 마음으로 도와준 거잖아. 우리나라에서 힘들게 사는 사람들을 외면하자는 게 아니야. 다른 나라도 내 도움이 필요한 사람을 도와줄 수는 있잖아. 그리고 자꾸 범죄자라고 하는데, 난민의 절반은 아이들과 여성들이야. 그중에는 '난민'이라는 말은커녕 겨우 옹알이를 하는 갓난아기도 있다고……."

처음에 놀랐던 정민이는 누리의 말을 듣더니 어이없다는 듯이 크게 웃었어요.

"아이고, 한누리. 친구들한테도 이렇게 말을 하란 말야. 나한테는 말도 잘하면서 왜 아까는 한마디도 못 했다고 억울해서 눈물을 흘리시나. 하 정말……."

정민이 말이 맞아요. 마음이 맞는 정민이 앞에서는 이렇게 술술 말이 나오는데 왜 친구들에게는 한마디도 못 했을까요?

◉ 자하라의 눈물

한동안 누리는 자하라와 개인적으로 연락을 주고받지 못했어요.

여름 방학이 지나고 2학기가 시작되자, 자하라와 친해져서 세븐스타 오빠들과 만나겠다는 정민이와 누리의 야심 찬 계획도 흐지부지 잊혀 가고 있었지요.

그날 저녁 누리는 오랜만에 자하라의 인스타그램에 들어가 보았어요. 자하라를 알기 전에는 한 번도 생각해 보지 않았던 아프가니스탄의 모습이 누리의 눈앞에 펼쳐졌어요.

2021년 8월 15일 아프가니스탄 정부가 수도 카불에 진입한 탈레반에 백기를 들고 정권을 넘긴 후, 아프가니스탄에서는 믿을 수 없는 일이 일어나고 있었어요.

가장 먼저 거리에서 여성들의 모습이 사라졌어요. 사람들은, 특히 여성들은 탈레반이 다스리는 아프가니스탄이 절대 안전하지 않다는 걸 알고 있었으니까요.

20여 년 전인 1996년부터 2001년까지 탈레반이 집권할 때의 악몽을 기억하고 있는 아프가니스탄 사람들은 공포에 떨면서 하루하루를 보내고 있는 것 같았어요.

국가 경제는 거의 마비 상태로, 직장에서는 월급을 받지 못하고 은행에 있는 돈도 마음대로 찾을 수 없다고 해요. 물가가 심하게 오르고 빵이나 물 같은 최소한의 식량이 부족해지자 사람들은 식기나 이불 등 닥치는 대로 집안의 살림살이를 팔기 시작했어요.

탈레반은 카메라 앞에 서서 국제 사회에 거짓 발표를 했어요. 1996

년의 탈레반과 2021년의 탈레반은 다르다며 새로운 탈레반의 통치 모습을 보여 주겠다고 말했어요. 하지만 그 말을 믿는 아프가니스탄 사람들은 한 명도 없을 거예요. 자하라도 아프가니스탄의 뉴스를 올리며 이렇게 말했어요.

"탈레반의 약속? 나는 믿을 수 없어."

"나는 계속 눈물만 흘리고 있어. 아프가니스탄에 사는 친척들, 내 사촌들, 공포에 떨고 있는 그 사람들을 위해 아무것도 할 수 없는 내가 원망스러워."

누리도 가슴이 먹먹해졌어요. 자하라의 눈물과 절망이 그대로 전해졌기 때문이에요.

◉ 난민을 위한 희망의 발걸음

'나를 미소 짓게 하는 유일한 너.'

자하라가 쓴 글을 클릭하다가 누리는 '리틀 아말'을 알게 되었어요.

화면 속에서는 거대한 인형이 사람들과 함께 걷고 있었어요. 키가 3미터 50센티인 이 인형의 이름은 '아말'이었어요. 아랍어로 '희망'이라는 뜻이고, 아홉 살 난 시리아 난민 소녀를 본떠 만들었다고 해요. 아말은 내전 중에 헤어진 어머니를 찾기 위해 튀르키예에서부터 걷고 있어요. 최종 목적지인 영국까지 8천 킬로미터를 걷는 동안 난민 아동들의 고달픈 생활을 많은 사람에게 알리는 일도 하면서요.

누리는 8천 킬로미터가 얼마쯤 되는 거리인지 전혀 감이 오지 않았어요. 아말이 걷는 8천 킬로미터는 튀르키예에서 시작해 그리스, 이탈

리아, 프랑스, 스위스, 독일, 벨기에를 거쳐 영국까지 횡단하는 길이라고 해요. 놀라운 것은 이 길이 실제 시리아 난민들이 탈출하는 경로와 똑같다는 사실이에요.

아말이 걷는 길마다 그를 지지하는 사람들이 모여 따뜻하게 환영해 주었어요. 튀르키예와 시리아의 국경에 있는 난민 캠프에서는 난민 소녀들을 만나 서로 껴안아 주었고, 벨기에의 브뤼셀에서는 어린이 수천 명에게 응원의 편지를 받기도 했어요. 하지만 리틀 아말의 여행이 지지만 받은 것은 아니에요. 아말은 실제 난민들이 겪은 일을 고스란히 경험했어요. 그리스에 도착했을 때는 난민 수용을 반대하는 사람들이 던진 돌에 맞고, '시리아에서 온 무슬림 인형'이 자기 마을을 걸어가는 것을 원치 않는다며 아말의 경로를 수정해 달라는 요구도 받았어요. 2021년 7월에 시작된 '리틀 아말'의 여행은 아직도 계속되고 있어요.

누리는 오랜만에 자하라에게 쪽지를 남겼어요.

…자하라. 너의 눈물 때문에 나도 가슴이 아파. 아말의 여행, 나도 힘껏 응원할게….

◉ '미라클 작전'이 준 선물

"누리 누리 한누리, 미라클 작전 봤어?"

등굣길에 만난 정민이는 흥분한 목소리로 말했어요. 어젯밤에 '미라클 작전'의 영웅들이 텔레비전에 출연한 걸 두고 하는 말이에요.

교실에 들어가니 아이들도 온통 그 얘기뿐이었어요. 특수 작전에 참여한 군인이 너무 멋있다면서 공군이 되겠다는 아이, 비행기 조종사가 되고 싶다는 친구, 외교관이 되고 싶다는 친구 등…… 저마다 한마디씩 떠들썩한 와중에 누군가 누리의 어깨를 톡톡 쳤어요.

"한누리! 이거……."

민준이가 종이 가방 하나를 쑥 내밀었어요.

"이게 뭐야?"

세계가 놀란 '미라클 작전'

'미라클 작전'은 우리나라가 아프가니스탄의 '특별 기여자'들을 무사히 구출해서 탈출한 작전을 말해요. 아프가니스탄의 수도 카불이 탈레반에게 점령된 2021년 8월 초, 우리나라에서 군 수송기 세 대가 아프가니스탄으로 날아갔어요. 수년간 아프가니스탄에 있는 한국 대사관과 한국 병원 등 아프가니스탄에서 대한민국 정부 활동에 협력한 현지인 직원과 가족들을 한국에 데려오기 위해서예요. 총 인원은 391명이고, 그중 100여 명은 다섯 살 미만의 영유아들이었어요.

탈레반은 카불을 점령한 후 바그람 공군 기지 안에 있었던 직업훈련원과 병원을 폭파했어요. 심지어 길거리에서도 미국을 비롯한 서방 세력에 협력했던 시민들을 마구잡이로 채찍질하는 분위기였기 때문에 만약 이들이 아프가니스탄에 남아 있었더라면 처형되었을지도 몰라요.

미라클 작전은 탈레반의 눈을 피해 빠르고 신속하게, 비밀리에 수행되었어요. 대한민국에서 분쟁 지역의 외국인을 구출해서 국내로 이송한 것은 이번이 처음이었어요. 선진국들도 줄줄이 이송에 실패하거나, 성공하더라도 10명 미만의 소규모 인원만 이송했기 때문에 이 작전은 해외에서도 "카불의 기적"으로 불린다고 해요. 미라클 작전이 성공한 지 열두 시간 만에 탈레반은 내국인 탈출 금지를 선언했어요. 며칠 후, 카불 공항에서는 이탈리아 공군기가 피격을 당했고 폭탄 테러가 발생해 다른 나라로 가기 위해 대기하던 수많은 사람들이 죽거나 다쳤어요.

"저번에 '난민 장터'인가 한다고 했잖아. 준영이도 내일 가져온대."

종이봉투 안에는 손풍기 두 개가 들어 있었어요. 민준이는 손풍기에 넣는 건전지는 따로 넉넉하게 가져왔다며 주었어요. 민준이와 누리 곁으로 다른 아이들이 다가왔어요.

"어? 나도 장터에 가져갈 거 있는데."

"장터가 언제까지야?"

"나도 가도 돼?"

누리는 갑자기 눈물이 핑 돌았어요.

"고……고마워."

누리는 친구들에게 고맙다는 말도 제대로 못 하고, 얼른 교실 밖에서 기다리고 있는 정민이에게 뛰어갔어요. 민준이가 준 걸 자랑하려고요. 하지만 정민이는 양손에 큰 종이가방을 세 개나 들고 있었어요.

"정말 대단한 추진력이야. 네가 부럽다."

누리가 한 말은 진심이에요.

"그러니까 우리 둘이 힘을 합쳐야지. 누리 넌 똑똑하지만 엉덩이가 무겁고, 난 생각보다 행동이 먼저잖아."

누리는 일단 정민이네 집에 들러서 장터 물건을 정리하기로 했어요. 오랜만에 밀린 수다도 떨고요. 오늘 정민이 침대는 누리 차지예요.

5장 난민의 목소리를 들어 봐!

♪♪
내 나라의 이름은 아프가니스탄
슬픔으로 가득 찬 고통의 땅
또 다른 폭발을 기다리는 곳
해 뜰 때부터 해가 질 때까지
매일 매일
매일 매일

자, 들어 봐.
누군가 자유와 희망을 말할 때
나는 희망은 없다고 했지.
그리고 말했어. 달아나라고.
하지만 다시 말할게.
나는 희망을 노래할 거야.
숨이 붙어 있는 한 나는 싸울 거야.
그리고 이렇게 말할 거야.
달아나지 마.
나도 달아나지 않을게.
함께 희망을 노래해.

누리와 정민이는 자하라가 새로 올린 랩을 따라 불렀어요. 오늘만 특별히 좁은 침대에 함께 앉아서 엉덩이를 들썩거리며 노래를 불렀지요. 오랜 시간 침묵했던 자하라는 새 노래를 발표했어요. 아프가니스탄 사태를 결코 외면하지 않을 것이며, 국제 사회에 난민의 목소리를 알리는 역할을 멈추지 않을 거라고 노래했어요.

⊙ 희망을 노래하는 자하라를 응원하며

11월 3일. 14주에 걸친 리틀 아말의 긴 여정은 영국 맨체스터에서 막을 내렸어요.

맨체스터에 도착하기 며칠 전 런던에서 아말은 〈이상한 나라의 앨리스〉에 나오는 앨리스를 만났어요. 앨리스도 아말처럼 3.5미터 크기로 만들어진 꼭두각시 인형이에요. 아홉 살 시리아 난민 소녀 아말과 〈이상한 나라 앨리스〉에 나오는 일곱 살짜리 앨리스가 만나는 순간, 지켜보던 수많은 사람들이 따뜻한 박수를 보냈어요. 아말과 앨리스가 만나는 모습을 보고 누리는 생각했어요. 아말과 앨리스가 친구가 되고, 아말과 앨리스가 서로 돕고, 아말과 앨리스가 힘을 합쳐 평화롭고 풍요로운 세상을 만드는 것, 그게 바로 모두가 꿈꾸는 세상이 아닐까 하고요.

쉽게 가질 수 없는 '난민'이라는 신분

난민으로 인정되면 기초 생활보장을 받고 가족을 초청할 수 있는 '준국민'으로 살 수 있는 자격을 받아요. 그렇지만 난민으로 인정받는 과정은 쉽지 않아요. 단순히 처지가 안타깝거나 불쌍하다고 난민으로 인정해 주는 게 아니에요. 실제로 난민을 심사하는 과정은 철저히 이루어져요. 우리나라의 난민법과 유엔난민협약 등을 꼼꼼하게 따져서 결정하기 때문이에요. 심사 기간도 길지만 까다로운 난민 심사 과정에서 떨어지는 사람들도 많아요. 난민으로 인정받기 위해서 가장 중요한 것은 본국에서 박해를 받았거나 보복을 받을 위험이 명백해야 해요.

예를 들면 2021년 8월 '특별 기여자' 자격으로 한국에 온 아프가니스탄 사람들은 외국 관련 기관에서 일했기 때문에 탈레반 정권이 보복할 우려가 있어요. 실제로 탈레반들은 외국 정부 기관에서 근무한 사람이나 통역, 운전, 직원 등으로 협조한 사람들을 찾아내 사람들이 보는 공개적인 장소에서 총으로 쏘기도 했어요.

아프가니스탄은 국제적으로 탈레반의 보복 행동이나 아프가니스탄의 처참한 상황이 많이 알려져서 '박해가 있었거나 박해가 예상'되는 난민의 조건이 인정되기가 비교적 쉬운 편이에요. 이처럼 어느 나라 출신이든 난민 심사를 받는 사람은 자신의 모든 것을 다 드러내요. 개인 정보에서 법을 위반한 사실이나 범죄 기록이 있다면 난민 심사에서 통과할 수 없답니다.

아말의 유럽 횡단은 끝이 났지만 난민의 행렬은 여전히 끝나지 않았어요.

아프가니스탄에서는 수많은 자하라들이 공포에 떨고 있고, 미얀마에서는 치알 신을 기억하는 사람들이 물러날 수 없는 시위를 벌이고 있어요. 시리아는 여전히 세계 1위 난민 발생국이에요. 세계 곳곳의 난민촌에서는 아이들이 위험한 환경 속에서 자라고 있어요. 하지만 누리는 '작은 희망'이라는 '리틀 아말'의 이름처럼 난민들에게 희망이 찾아올 날이 있을 거라고 믿고 싶어요. 아말이 사는 나라에서 멀리 떨어진 한국에서도 작은 응원을 보낼 거니까요.

📍 난민에 대해 알고 싶어요!

난민이 많이 발생하는 나라와 지리적으로 멀거나, 서로 다른 문화권에 살고 있으면 난민에 대해 잘 모르는 경우가 많아요. 그림책이나 동화책, 그래픽 노블, 애니메이션 등을 통해 난민에 대해 한 발짝 가까이 다가가 보아요.

⭐ 『노란 샌들 한 짝』

아프카니스탄과 파키스탄 국경 사이의 페샤와르 난민촌에서 여러 해를 산 작가가 쓴 책이에요. 전쟁으로 가족을 잃고 난민촌에서 사는 리나와 페로자는 어느 날 구호 물품 트럭에서 떨어진 노란 샌들을 발견해요. 고달픈 생활 속에서도 서로를 의지하며 우정을 나누는 슬프고 아름다운 이야기예요.

카렌 린 윌리엄스, 카드라 모하메드 글
둑 체이카 그림 / 이현정 옮김
맑은 가람

⭐ 『잃어버린 아이들』

'잃어버린 아이들'은 1983년부터 2005년까지 이어진 수단 내전 중 총알받이로 납치되거나 군인들을 피해 국경을 넘어 도망친 아이들을 부르는 말이에요. 수단에서는 거듭되는 내전과 기근으로 약 250만 명이 죽고 400만 명의 난민이 생겼어요. '잃어버린 아이들' 이야기는 영화로도 만들어졌는데, 실제로 남수단에서 태어나 소년병으로 강제 징집되었다가 도망친 후 미국에서 사는 사람들이 배우로 출연했어요.

메리 윌리엄스 글 /
그레고리 크리스 그림 /
노성철 옮김 / 사계절

⭐ 애니메이션 『파르바나: 아프가니스탄의 눈물』

파르바나는 열한 살, 탈레반이 통치하는 아프가니스탄에 사는 소녀예요. 어느 날 아버지가 감옥으로 끌려가자 파르바나는 가족들을 먹여 살리기 위해 머리를 짧게 자르고 남자아이로 꾸며요. 아프가니스탄에서 여자는 남자 보호자가 없으면 밖에 마음대로 돌아다닐 수 없기 때문이에요. 원작 소설의 제목인 '브레드 위너'는 '빵을 마련하는 자'라는 뜻으로, 가족을 먹여 살리는 가장을 뜻해요.

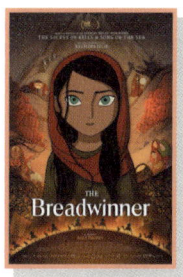

⭐ 『별들이 흩어질 때』

케냐의 난민 캠프에서 15년 동안 머물렀던 오마르 모하메드의 자전적 이야기를 담은 그래픽 노블이에요. 오마르는 소말리아 내전으로 아버지를 잃고 엄마와도 헤어진 뒤, 남동생 하산과 함께 케냐의 난민 캠프에서 자라요. 난민 캠프와 그곳에서 사는 난민의 생활이 생생하게 그려져 있어요.

빅토리아 제이미슨, 오마르 모하메드 글/ 전하림 옮김/ 보물창고

⭐ 우리는 난민입니다

최연소 노벨평화상 수상자인 말랄라 유사프자이를 통해 듣는 난민 이야기예요. 말랄라는 탈레반의 공격으로 살던 마을을 떠나 난민이 되어야 했던 자신의 경험을 들려주어요. 또한 자신이 만났던 아홉 명의 여성 청소년 난민들을 소개하고 그들과 함께 꿈꾸는 미래를 이야기해요.

말랄라 유사프자이, 리즈 웰치 글/ 박찬원 옮김 문학동네

토론왕 되기!

난민을 선택적으로 받아들여도 괜찮을까?

우리나라는 난민 수용에 조금은 인색한 나라예요. '난민 지위 협약'에 가입한 이래 우리나라에 난민을 신청한 사람은 8만 4922명이나 되는데, 이 중에서 심사를 거쳐 난민으로 인정받은 사람은 2480명뿐이에요. 2022년 기준 한 해 동안 총 11,539건의 난민 신청이 있었는데 난민 지위를 인정받은 사람은 총 175명으로 난민 인정률이 2.03%에 그쳤어요. 경제 규모에 비해 난민에 대한 포용성 수준이 상당히 낮은 편이랍니다. 여전히 우리나라에서는 난민 문제에 대한 첨예한 대립이 계속되고 있어요.

저희 동네에도 범죄 소굴이 되어 버릴까 봐 난민이 들어오는 걸 반대하는 사람들이 있었어요.

너희들, 2021년 미국, 영국 등을 따라 아프가니스탄에 비전투부대를 파병한 한국이 일부 아프가니스탄 사람들을 구출한 사건 아니?

기억나요. 그 사건으로 우리나라에서 난민을 받아들일지에 대한 찬반 논란이 한창이었잖아요.

예멘에서 온 난민 신청자 수백 명이 제주도에 한꺼번에 몰렸을 때도 사람들마다 의견이 분분했던 걸로 기억해요.

난민 수용을 찬성하는 사람들은 국제 사회의 일원으로서 난민 수용은 필요하다고 생각한단다. 반대하는 사람들은 난민을 지원하는 데 경제적으로 큰 부담이 되고, 난민이 들어오면 범죄 등 사회 문제가 많이 늘어날 것이라고 주장하지.

난민을 거부하면 양심을 저버렸다는 국제적인 비난을 피할 수 없을 것 같아요.

저는 난민으로 위장한 테러범들이 폭탄을 터트려서 우리나라 사람들을 다치게 할까 봐 걱정돼요.

우리나라에서 돈벌이할 목적으로 난민 제도를 악용하는 가짜 난민도 있다고 듣긴 했어요.

난민 수용에 모두가 동의할 수 있으려면 일자리를 찾아온 가짜 난민을 철저히 가려내고, 난민에 대한 더욱 포용력 있는 정책이 마련되어야 한단다.

* 난민을 받아들이는 문제는 무엇이 분명하게 옳다 그르다고 따지기 어려운 일이에요. 그래서 여러 사람의 의견을 두루 경청하고 연구해서 가장 좋은 방향으로 결정을 내려야 해요. 우리나라도 이제는 난민을 적극적으로 받아들여야 할까요, 아니면 아직은 여전히 시기상조일까요? 난민을 성격에 따라서 나누고 제한하는 등 선택적으로 받아들여도 될까요? 난민에 대해 이런저런 생각을 해 보고 부모님, 친구와 함께 토론해 보세요.

선 잇기 퀴즈

다음은 유엔난민기구를 공식적으로 대표하는 친선대사들이에요. 누가 한 말인지 찾아서 선으로 이어 보세요.

ㄱ   1

영화 〈박물관이 살아 있다〉의 경비원 역할을 맡았던 배우 벤 스틸러입니다. 상상하는 모든 것이 이루어지는 영화에서처럼 저는 난민들이 꿈꾸는 일들이 현실이 되기를 바랍니다.

ㄴ   2

할리우드 배우 안젤리나 졸리예요. 유엔난민기구의 특사로 오래 활동해 온 저는 2021년 8월 인스타그램을 시작했어요. 저의 첫 게시물은 아프가니스탄 난민 소녀의 편지랍니다. 저의 인스타그램에 방문하시는 모든 분을 환영해요!

ㄷ   3

2014년부터 친선대사를 맡고 있는 배우 정우성입니다. 시리아, 케냐 등 여러 난민촌을 다녀올 때마다 분명해지는 생각이 있어요. 그건 난민을 외면하는 삶은 결코 행복하지 않다는 거예요.

ㄱ-❸ / ㄴ-❷ / ㄷ-❶

정답

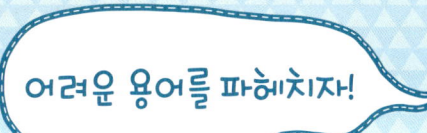

난민 인종, 종교, 민족, 특정 사회집단의 구성원 신분, 또는 정치적 의견을 이유로 박해를 받을 수 있다고 인정할 충분한 근거가 있는 공포로 인하여 국적국의 보호를 받는 것을 원하지 않는 사람을 말해요.

무사증 제도 테러 지원국을 제외한 국적의 외국인에 한해 한 달간 비자 없이 국내에 체류할 수 있도록 한 제도로 '무비자 입국 제도'라고도 해요.

인도적 체류 허가 난민 요건을 갖추지 못했지만 안전 등을 이유로 한시적으로 국내에 머물게 해 주는 제도예요. 인도적 체류 허가를 받으면 국내에 1년 거주하게 되고, 매년 다시 심사를 받아 체류 기간을 1년씩 연장할 수 있어요.

재정착 난민 유엔난민기구가 추천하고 심사를 거쳐서 들어온 난민이에요. 재정착하는 나라의 문화, 언어 교육, 자립 프로그램을 제공해 난민이 재정착국에 적응할 수 있도록 돕고 있어요.

가짜 난민 취업 목적으로 와서 난민 심사와 소송을 이어가며 2~3년간 국내에 머무르려는 '예비 불법 체류자(미등록 이주 노동자)'를 말해요.

난민 브로커 불법으로 체류와 취업을 하려는 외국인을 상대로 허위 난민 신청을 대행해 주는 사기꾼들을 말해요.

세계 난민의 날 난민에 대한 관심을 촉구하기 위해 국제연합이 정한 날로, 매년 6월 20일이에요.

난센 난민상 난민, 국내 실향민, 무국적자 등 유엔난민기구 보호 대상자의 구호에 기여한 인도주의 단체나 활동가에게 수여되는 상이에요. 1954년에 제정되었으며 1993년에는 국경없는의사회가 이 상을 받았어요.

알아 두면 좋은 난민 관련 사이트

유엔난민기구 www.unhcr.or.kr
난민의 보호와 난민의 문제를 해결하기 위해 설립된 기구로 1949년 12월 3일에 창설되었어요. 성별, 종교, 정치적 견해에 관계없이 도움이 필요한 난민이나 난민 대상자를 보호하고 지원해요.

난민인권센터 nancen.org
국내에 사는 난민의 권리를 위해 활동하는 단체예요. 2009년도부터 사회적 인식과 제도의 개선, 권리 침해 사례 대응, 난민 권리 상담, 시민연대 활동을 통해 한국 사회에서 배제되고 있는 난민의 권리를 되찾기 위해 노력해 왔습니다. 국내의 난민 현황 및 정책 문제를 분석하여 제도 개선을 시민들과 함께 요구하고 있습니다.

e-나라지표 www.index.go.kr
난민과 관련 있는 여러 가지 통계를 알려 줘요. 우리나라의 난민 인정자나 난민 신청자 등에 대해 연도별, 성별, 국적별로 구분하여 통계를 제공하고 있어요. 난민 관련 정책이나 관련 법령에 대해서도 찾아볼 수 있어요.

국경없는의사회 msf.or.kr
국제 인도주의 의료 구호 단체예요. 의료 지원의 부족, 무력 분쟁, 전염병, 자연재해 등으로 인해 생존의 위협에 처한 사람들을 위해 긴급 구호 활동을 펼치고 있지요.

국제앰네스티 amnesty.or.kr
국가 권력에 의해 억압받는 정치범들을 구제하고 인권 침해를 중단시키는 일을 하는 국제 기구예요. 국제앰네스티는 인권 활동의 공로를 인정받아 1977년에는 노벨 평화상, 1978년에는 유엔인권상을 받았어요.

신나는 토론을 위한 맞춤 가이드

『전쟁 없는 세상을 꿈꾸는 난민』을 통해 난민에 대해서 잘 이해했나요? 난민들이 어째서 자기 나라를 포기하고 떠돌 수밖에 없었는지를 이해한다면, 우리 주변에 있는 난민이라는 존재가 멀게 느껴지지 않을 거예요. 이제 마지막 단계인 토론을 잘하려면 올바른 지식과 다양한 정보가 뒷받침되어야 해요. 책을 다 읽고 친구 또는 부모님과 신나게 토론해 봐요!

잠깐! 토론과 토의는 뭐가 다르지?

토론과 토의는 모두 어떤 문제를 해결하기 위해 의견을 나누는 일입니다. 하지만 주제와 형식이 조금씩 달라요. 토의는 여러 사람의 다양한 의견을 한데 모아 협동하는 일이, 토론은 논리적인 근거로 상대방을 설득하는 일이 중요합니다. 토의는 누군가를 설득하거나 이겨야 하는 것이 아니기 때문에 서로 협력해서 생각의 폭을 넓히고 좋은 결정을 내릴 때 필요해요. 반면 토론은 한 문제를 놓고 찬성과 반대로 나뉘어 서로 대립하는 과정을 거치지요. 넓은 의미에서 토론은 토의까지 포함하는 경우가 많습니다. 토론과 토의 모두 논리적으로 생각 체계를 세우고, 사고력과 창의성을 높이는 데 도움을 준답니다.

토론의 올바른 자세

말하는 사람
1. 자신의 말이 잘 전달되도록 또박또박 말해요.
2. 바닥이나 책상을 보지 말고 앞을 보고 말해요.
3. 상대방이 자신의 주장과 달라도 존중해 주어요.
4. 주어진 시간에만 말을 해요.
5. 할 말을 미리 간단히 적어 두면 좋아요.

듣는 사람
1. 상대방에게 집중하면서 어떤 말을 하는지 열심히 들어요.
2. 비스듬히 앉지 말고 단정한 자세를 해요.
3. 상대방이 말하는 중간에 끼어들지 않아요.
4. 다른 사람과 떠들거나 딴짓을 하지 않아요.
5. 상대방의 말을 적으며 자기 생각과 비교해 봐요.

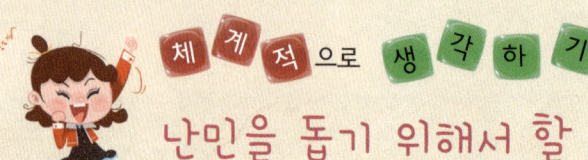

난민을 돕기 위해서 할 수 있는 일은 무엇일까?

다음 글을 읽고 난민의 현황을 알아보세요. 그리고 난민을 돕기 위해 할 수 있는 일을 생각해 봅시다.

국제사회, 특히 부유한 선진국들은 안전한 곳을 찾아 집을 떠나온 난민들에게 보호를 제공해야 할 책임을 충분히 분담하지 않고 있다. 즉, 폭력과 박해 때문에 모든 것을 버리고 떠나야 했던 사람들에게 보호를 제공할 공정하고 예측 가능한 시스템을 마련해야 함에도 국제사회는 이를 합의하고 지지하는 데 실패한 것이다. 그 대신, 소득 수준이 중하위권에 머무르는 국가들이 과도한 책임을 떠안게 되었다. 세계 난민 중 80%가 개발도상국에 머무르고 있다.

즉시 재정착이 필요한 난민은 140만 명에 달한다. 많은 난민들이 시리아, 아프가니스탄, 남수단 내전 등으로 인한 피난민이다.

다수의 부유한 국가들은 망명 신청을 까다롭게 만드는 정책을 우선하고, 아예 난민들이 들어오지 못하게 막을 방법을 찾고 있다. 또한 이들은 목숨을 걸고 피난을 떠난 사람들을 보호해야 할 책임이 있음에도 인근 국가들에 그 책임을 떠넘기고 있다. 이처럼 제한적이고 근시안적인 정책 때문에 남녀와 어린이들은 육상과 해로를 통해 목숨을 건 위험한 여정을 떠날 수밖에 없고, 밀수업자와 인신매매 업자들은 덕분에 큰 수익을 올리고 있다.

100만 명이 넘는 난민들이 특정한 폭력의 위험에 처했거나, 특수한 의료 서비스가 필요하거나, 그 외의 이유로 특히 취약한 상태에 놓여 있다. 이들은 새로운 삶을 살아갈 수 있도록 시급히 다른 국가에 영구적으로 재정착해야 한다. 그러나 선진국들은 2016년부터 2017년 사이 재정 착지 규모를 대폭 감소시켰고, 2017년 중순에는 이러한 재정착을 통해 난민을 돕는 국가가 31개국에 불과했다. 이전 해인 2016년에는 37

개국이었던 것과 비교되는 수치다.

모든 것을 버리고 떠나온 난민들을 보호하기 위한 비용 역시 선진국이 분담하는 비율은 턱없이 부족한 수준이다. 난민에 대한 인도적 지원 요청은 언제나, 때로는 심각한 수준으로 재정적 어려움에 시달리고 있다.

<앰네스티 인터내셔널-숫자로 보는 세계 난민>

1. 위의 글을 읽고 오늘날 국제사회에 놓인 난민 문제로는 어떤 것들이 있는지 정리해 보아요.

2. 세계의 선진국들이 난민 문제를 위해서 어떤 노력을 더 기울여야 할지 생각해 보세요.

논리적으로 생각하기 1
난민 문제를 해결하려면 무엇을 해야 할까?

난민은 지금, 이 순간에도 전 세계 곳곳에서 계속해서 생기고 있어요. 이제는 우리나라도 난민 문제를 외면할 수 없을 만큼 국력이 발전했어요. 다음 글을 읽고 어떻게 하면 난민 문제를 해결할 수 있는지 생각해 봅시다.

지난 30년간 아프가니스탄에서 난민이 가장 많이 발생했지만 최근 시리아가 그 자리를 차지했다. 요즘 유럽에서 시리아 난민 수용을 놓고 논란이 많지만 실제로는 국제 이재민 중 86% 이상이 개도국에 수용되어 있다. 튀르키예, 파키스탄, 요르단, 레바논, 이란, 케냐, 차드, 중국 등이다. 이 중엔 자기들도 어려운 나라가 많다. 난민을 받아들이는 상위 10개국 중 이른바 선진국은 독일뿐이다. 선진국들의 이기적인 행태는 어제오늘 일이 아니다. 나치에 의해 추방된 유대인 난민 문제를 풀기 위해 1938년 프랑스 에비앙에서 국제회의가 열렸다. 이때 미국을 위시해 32개국이 참여했지만 자국에 할당된 수보다 더 많은 난민을 수용한 나라는 개도국인 도미니카공화국밖에 없다.

난민 문제를 해결하려면 근본적인 발생 원인을 알아야 한다. 국가 간 전쟁과 내전이 가장 큰 원인을 차지한다. 국가 내부의 모순과 국제적 외부 개입 등이 복합적으로 작용한다. 군사비 지출이 높고 무기 거래가 활발할수록 난민이 늘어날 개연성이 커진다. 대인 지뢰 매설 지역이 늘어나면 농경지가 줄면서 강제 이재민들이 급증한다. 아프가니스탄과 캄보디아의 지뢰를 모두 제거하면 농업 생산량이 당장 두 배로 증가할 것이라는 예측치도 있다. 빈곤 문제도 난민을 발생시키는 요인이다. 토지 개혁이 안 되어 소농들의 삶이 팍팍한 나라, 국제 농산물 대기업들이 토지를 대거 매입한 나라, 정치적 문제로 국제사회의 제재를 받아 식량과 의약품의 금수 조처를 당한 나라에서도 난민이 늘어난다. 인권 침해가 심한 곳에서 난민이 증가하며, 정권이 바뀐 후 이전 정권 지지자들을 박해하는 나라에서도 난민이 발생하곤 한다. 민족, 종교, 정치적 이유로 소수 집단을 박해하는 국가도 고위험군에 속한다. 세계 40%의 국가들이 5개 이상 민족 집단으로 이루어져 있는데 이들 역시 주요 난민 발생국이다. 기후 변화도 국제 이재민을 양산하는 중요한 요소로 떠올랐다.

<××신문 기사>

1. 기사에서 난민 문제의 근본적인 발생 원인으로 꼽은 것은 어떤 것들이 있는지 정리해 보세요.

2. 기사를 읽고 원인을 파악했다면, 난민 문제를 막기 위해서 무엇을 해야 할지 해결책을 생각해 보세요.

논리적으로 생각하기 2

우리나라는 국제 난민 문제를 위해서 어떤 노력을 기울여야 할까?

다음은 우리나라의 난민 현황(2023년 4월 10일 기준)입니다. 우리나라는 과거 일제강점기와 6·25 전쟁 때 전 세계로 난민을 보낸 아픈 기억이 있는 나라입니다. 그때는 우리나라가 가난하고 힘이 없었기 때문에 어쩔 수 없었지요. 하지만 이제 우리나라는 경제 규모가 세계 10위권에 이를 만큼 크고, 세계 여러 나라 사람들이 부러워할 만큼 가난에서 탈출하여 성공한 나라가 되었어요. 다음 글을 읽고 질문에 답해 보세요.

간단히 보는 2022년 국내 난민 현황

1만 1539건 2022년 한 해 동안 총 1만 1539건의 난민 신청이 있었습니다.
175명 2022년 한 해 동안 난민 지위를 인정받은 사람은 총 175명입니다.
2.03% 2022년 난민 인정률은 2.03%입니다.
1331명 2022년 12월 31일 기준 누적 난민 인정자는 총 1331명입니다.
67명 2022년 한 해 동안 인도적 체류 허가를 받은 사람은 총 67명입니다.
2480명 2022년 12월 31일 기준 누적 인도적 체류자는 총 2480명입니다.
8만 4922건 1994년부터 2022년까지 누적된 난민 신청은 총 8만 4922건입니다.

난민 인정률 2.03%

2022년도 한국의 난민 인정률은 2.03%입니다.
2022년의 심사 결정 건수는 총 5296건(재정착 난민을 제외한 난민 인정 108건+인도적 체류 허가 67건+난민 불인정 5121건)으로, 난민 신청자 중 108명이 심사와 소송을 통해 난민 인정을 받았고, 이 가운데 64명은 가족 결합 사유로 인정받았습니다. 오로지 법무부의 심사를 통한 인정 건수는 22건입니다. 유엔난민기구가 인정한 난민을 초대하는 재정착 난민이 67명 있었고, 한국은 2022년 기준으로 9기째 재정착 난민을 수용하고 있습니다. 1%를 넘지 못하던 난민 인정률이 3년 만에 2% 정도로 올라왔지만 여전히 희박한 확률입니다.

<난민인권센터, 2023. 4. 10, https://nancen.org/2344>

1. 통계를 보면 알 수 있듯이 우리나라에서 난민으로 인정받는 것은 매우 어려운 일입니다. 왜 난민 지위를 얻기가 어려운지 이유를 생각해 보세요.

----

2. 난민이 발생하는 중요한 이유로는 어떤 것들이 있는지 살펴보고 왜 그런 일이 생기는지 생각해 보세요.

----

3. 우리나라 난민 정책에서 가장 큰 문제점이 무엇인지 생각해 보세요.

----

4. 우리나라는 난민 정책을 앞으로 어떤 식으로 펼치는 게 좋을지 생각해 보세요.

창의력 키우기

'내가 진천 시민이라면?'

2021년 우리 정부와 일해 온 아프가니스탄 난민 86세대, 428명이 충북 진천군에 자리 잡게 되었어요. 그러자 난민 수용 찬반 논란이 팽팽한 가운데 이 지역 주민들에게 설명이나 설득 작업 등이 없어서, 지역의 민심이 술렁거리고 있다고 보도되었어요. 또한 청와대 국민 게시판에 '난민 받지 말아 주세요'라는 제목의 청원이 올라오기도 했지요. 내가 만일 진천에 사는 사람이라면 어떻게 해야 할까요? 여러분이 진천 주민이라고 생각하고, 아프가니스탄을 떠나 한국에 살게 된 난민들과 평화롭게 사는 방법을 적어 보세요.

예시 답안

난민을 돕기 위해서 할 수 있는 일은 무엇일까?

1. 난민이 갈수록 늘고 있는데, 국제사회의 관심은 점점 떨어지고, 물가 및 연료비 상승으로 지원금이 계속 줄고 있습니다. 특히 부유한 선진국이 난민 보호에 힘을 쓰지 않고 중하위권 국가들이 난민을 위해 애쓰고 있어요.
2. (1) 개발도상국이나 후진국 등 난민을 많이 받는 국가를 위해 난민 보호 자금을 많이 지원해야 해요.
(2) 선진국이 난민을 많이 받아들이고 난민에게 관대한 정책을 써야 해요.
(3) 국제적으로 영향력 있는 선진국들이 난민을 보호하는 데 더욱 노력을 기울여야 해요.

난민 문제를 해결하려면 무엇을 해야 할까?

1. 난민 발생의 가장 큰 원인은 전쟁이나 내전이에요. 또한, 국가 내부의 정치 문제, 빈곤 문제, 인권 침해, 기후 변화도 난민 발생의 큰 원인이에요.
2. 전쟁을 반대하고 평화 협정을 맺어야 해요. 예를 들면 우리나라도 북한과 전쟁이 일어나게 되면 대규모의 난민이 발생할 수 있으므로 남한과 북한 사이에 종전 선언을 하고 평화 협정을 맺어야 해요.

우리나라는 국제 난민 문제를 위해서 어떤 노력을 기울여야 할까?

1. 난민이 진짜 난민인지, 위장 취업을 하기 위해 우리나라에 들어오는 사람인지 구별하기가 쉽지 않기 때문이에요.
2. 난민이 생기는 이유는 전쟁이나 내전 때문인데, 우리나라에 들어온 난민 중에는 종교 문제로 신청한 사람들이 가장 많아요. 다음으로는 군사 쿠데타로 인해 나라의 정치가 혼란해져서 시민들이 난민 신청을 한 경우도 많아요.
3. 난민을 신청하는 사람들에 비해 난민으로 지정받는 사람이 너무 적어요.
4. 국가 예산을 확보하여 난민을 더욱 적극적으로 지원해야 해요.

뭉치수학왕

수학이 쉬워지고, 명작보다 재미있는

100만 부 판매 돌파!

"인공지능(AI) 시대의 힘은 수학에서 나온다!"

개념 수학

〈수와 연산〉
1. 양치기 소년은 연산을 못한대
2. 견우와 직녀가 분수 때문에 싸웠대
3. 가우스, 동화 나라의 사과진 0을 찾아라
4. 가우스는 소수 대결로 마녀들을 물리쳤어
5. 앨런, 분수와 소수로 덩당 히들러를 쫓아내라
6. 약수와 배수로 유령 선장을 이긴 15소년

〈도형〉
7. 헨젤과 그레텔은 도형이 너무 어려워
8. 오일러와 피노키오는 도형 춤 대회 등을 했어
9. 오일러, 오즈의 입체도형 마법사를 찾아라
10. 유클리드, 플라톤의 진리를 찾아 도형 왕국을 구하라
11. 입체도형으로 수학왕이 된 앨리스

〈측정〉
12. 쉿! 신데렐라는 시계를 못 본대

13. 알쏭달쏭 알라딘은 단위가 헷갈려
14. 아르키는 어림하기로 걸리버 아저씨를 구했어
15. 원주율로 떠나는 오디세우스의 수학 모험

〈규칙성〉
16. 떡장수 할머니와 호랑이는 구구단을 몰라
17. 페르마, 수리수리 규칙을 찾아라
18. 피보나치, 수를 배열해 비밀의 방을 탈출하라
19. 비례배분으로 보물섬을 발견한 해적 실버

〈자료와 가능성〉
20. 아기 염소는 경우의 수로 늑대를 이겼어
21. 파스칼은 통계 정리로 나쁜 왕을 혼내 줬어
22. 로미오와 줄리엣이 첫눈에 반할 확률은?

〈문장제〉
23. 개념 수학-백점 맞는 수학 문장제①
24. 개념 수학-백점 맞는 수학 문장제②
25. 개념 수학-백점 맞는 수학 문장제③

융합 수학
26. 쌍둥이 건물 속 대칭축을 찾아라(건축)
27. 열차와 배에서 배수와 약수를 찾아라(교통)
28. 스포츠 속 황금 각도를 찾아라(스포츠)
29. 옷과 음식에도 단위의 비밀이 있다고?(음식과 패션)
30. 꽃잎의 개수에 담긴 수열의 비밀(자연)

창의 사고 수학
31. 퍼즐탐정 썰렁홈즈①-외계인 스콜피오스의 음모
32. 퍼즐탐정 썰렁홈즈②-315일간의 우주여행
33. 퍼즐탐정 썰렁홈즈③-두쥬박죽 백설 공주 구출 작전
34. 퍼즐탐정 썰렁홈즈④-'지지리 마란드러' 방학 숙제 대작전
35. 퍼즐탐정 썰렁홈즈⑤-수학자 '더하길 모테'와 한판 승부

36. 퍼즐탐정 썰렁홈즈⑥-설국언차 기관사 '어려도 달리능기라'
37. 퍼즐탐정 썰렁홈즈⑦-해설 및 정답

수학 개념 사전
38. 수학 개념 사전①-수와 연산
39. 수학 개념 사전②-도형
40. 수학 개념 사전③-측정·규칙성·자료와 가능성

독후 활동지

본책 40권+독후 활동지 7권
정가 580,000원